Des *jokes*, un drum, des signes de *devil*… Tout ça va très mal finir.

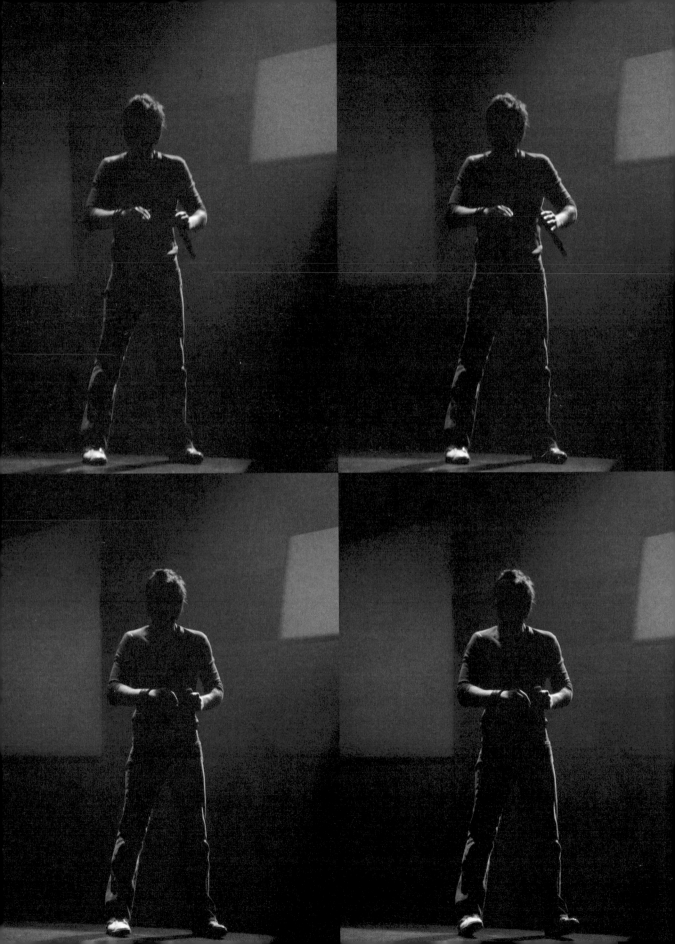

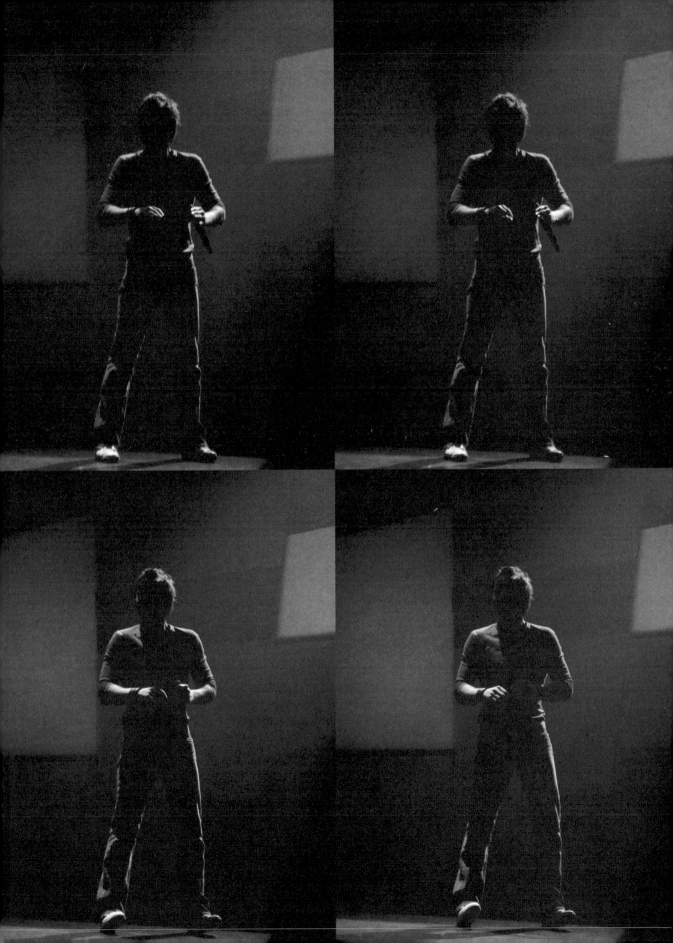

Éditeur
Phaneuf Musique,
en collaboration avec
Prends ton bord
50, rue de la Barre,
bureau 110,
Longueuil (Québec) J4K 5G2
Publié sous la direction
d'Annie Langlois
annielanglois@cgocable.ca
Révision
Marie Pigeon Labrecque
Conception graphique
orangetango
Photos
Alexis Chartrand

Équipe de création du spectacle *Suivre la parade*
Textes
Louis-José Houde
Mise en scène
Joseph Saint-Gelais
Scripte-édition
François Avard
Scénographie
Martin Gilbert
Conception des costumes
Julie Charland
Conception d'éclairage
Claude Cournoyer

Équipe technique du spectacle *Suivre la parade*
Directeur de tournée
Pierre-Luc Beaucage
Sonorisateur
Stéphane Paquin
Éclairagiste
Dominic Marion
Machiniste
Maxime Léonard
Chauffeur
Alexandre Dussault
Photographe
Alexis Chartrand

Gérance et production
Groupe Phaneuf inc.
Benjamin Phaneuf

Relations de presse
Annexe Communications
(Montréal)
Sylvie Savard
Mercure Communications
(Québec)
Marie-Andrée Houde

Dépôt légal
3e trimestre 2010
Bibliothèque et
Archives nationales
du Québec

Catalogage avant publication de Bibliothèque et Archives nationales du Québec et Bibliothèque et Archives Canada

Houde, Louis-José, 1977-

Louis-José Houde : suivre
la parade

ISBN 978-2-9810112-1-3

1. Humour québécois.
2. Houde, Louis-José, 1977- .
3. Suivre la parade
(Spectacle).
I. Langlois, Annie, 1975- .
II. Phaneuf musique (Firme).
III. Titre.

PN6178.C3H682 2010 C848'.602
C2010-941741-0

Imprimé au Canada

À Pierre-Luc, Stéphane, Dominic, Alexandre, Maxime, Alexis et Philippe.

Nous avons partagé joies, peines
... et beaucoup trop d'informations.

LOUIS-JOSÉ HOUDE, SUIVRE LA PARADE
un livre publié sous la direction d'Annie Langlois

Le véhicule a frappé un muret de béton. Pierre-Luc constate les dégâts. Moi, toujours utile,

me fais un vidéo de rap dans le *cap* de roue.

Même si la scène est devenue l'endroit où je me sens
le plus à l'aise au monde (suivie de près par un
cabanon au parfum d'essence et de gazon frais coupé),
ma situation d'humoriste vient avant tout d'une passion
précoce pour l'écriture. Certains diront : «C'est
d'abord une passion pour les fautes d'orthographe !»
Malheureusement, oui, elles font partie de ma vie,
mais bon, d'autres ont des problèmes de jeu ou une
famille minée par l'alcool, fait que, on se calme…

Désolé.

J'aime les mots, leur sonorité, leur musicalité et
parfois même leur apparence. Avouez que vous avez
envie de vous coucher sur le mot «mammouth»…
Pour moi, le texte est le moteur de l'humoriste,
le cœur du spectacle,
le joyau de l'artiste ;
le spécialiste de l'électroménager, par contre,
c'est Corbeil.

J'espère que vous aimerez lire mes textes, et si vous
me mettez dans votre bibliothèque, placez-moi à côté de
quelqu'un de gentil, comme Boris Vian ou sœur Angèle.
Ou, encore mieux, un roman de François Avard parce
qu'il m'aide avec tout ce que j'écris et je risque d'être
plus drôle s'il n'est pas loin.

— Louis-José Houde

Alexandre porte ici un casque protecteur. On lui avait fait croire que la loge à Québec était munie d'une zone de *paintball*. Moi, je porte de la fourrure, on m'avait fait croire que c'était à la mode.

Centre Bell, 11 avril 2008. Je teste ici un nouveau déodorant.

1 SUIVR
PARADE

Suivre la parade est mon deuxième spectacle solo.
Je l'ai présenté 412 fois entre le 6 juin 2007 et le 27 février 2010.
Le 28 février 2010, j'ai fait une sieste.

Bonsoir.

Défaut de fabrication

La vie change, la vie change trop vite. Mon grand-père a eu mon père à vingt ans. Mon père m'a eu à vingt-cinq ans. Moi, j'ai trente ans, et hier, j'ai loué *Spiderman*.

Ça change, la vie, mais c'est beau quand même. C'est beau, rire. Merci de rire. C'est beau, rire, c'est le fun, rire. C'est le fun, rire, parce que quand tu ris, ton cul se serre!

Avouez que vous le testez en ce moment.

Il y a plein de belles choses dans la vie. Des fois, tu achètes une pinte de lait, et sa date d'expiration, c'est le jour de ta fête. Tu te dis : «Hé!»

Moi, je trippe sur les toasts. Vive les toasts! Rendons hommage aux toasts. Parce que... tu manges le même souper deux soirs d'affilée, ça t'écœure. Mais tu manges des toasts tous les matins de ta vie, et c'est bien correct.

Je trippe sur le crayon de plomb. Le bon vieux crayon de plomb. Le crayon à mine. Le plus le fun, c'est de l'aiguiser dans le gros aiguisoir au mur. Parce que ça fait une petite odeur de bran de scie, et je me sens comme un mini-menuisier...

Il y a plein de belles choses dans la vie. Comme quand tu arrives au guichet automatique et que le relevé de quelqu'un d'autre traîne... Avoue que tu regardes combien il a dans son compte. Et avoue que, quand tu en as plus, tu es content. Tu ne le connais même pas, et tu te dis : «Haaaa! J'te torche!»

Des fois, tu roules en auto, et il y a une toune qui joue à la radio. Une bonne toune. Au coin, tu mets ton clignotant... Et là, le clignotant est exactement sur le même *beat* que la toune qui joue à la radio... Tu te dis : «Oh! Ça va être une bonne journée!»

Je suis comme ça, moi. Je suis un gars positif. J'aime la vie. J'aime la vie d'adulte. J'aime ça être un adulte. Tous les matins, je me réveille et je me dis : «Câline, c'est le fun, ce soir, j'ai pas de devoirs!»

Je n'ai jamais de devoirs. Ça fait dix ans que je ne vais plus à l'école, et je suis encore sur le *buzz* de : «Pas de devoirs à soir!» J'aime tellement ça, ne pas avoir de devoirs que des fois vers trois, quatre heures de l'après-midi, je passe devant les cours d'écoles primaires et je crie :
— Ha! ha! ha! Bonne soirée, le gros! Moi, je m'en vais au cinéma... avec une fille... qui a des seins! Essaie d'en trouver une de même dans ta cour!

J'aime la vie d'adulte, mais j'ai de la misère avec les achats d'adulte. J'ai un problème de surconsommation. Mais pour moi, la surconsommation, ce n'est pas d'acheter trop d'affaires, non. C'est d'aller acheter la même affaire quatre fois! C'est de retourner au magasin quand ça pète. Et moi, tout ce que j'achète, ça pète!

Il y a trois ans, j'achète un condo à Montréal. Un petit condo, bébé condo, similicondo sur le Plateau-Mont-Royal. Quelle connerie! Pour le même prix, à La Tuque, j'aurais pu acheter la commission scolaire! Et une couple d'enfants. Le condo a une mezzanine, avec des portes françaises qui donnent sur une terrasse.

Quand il pleut, les portes coulent. J'appelle le fabricant des portes françaises, qui me répond en anglais. Déjà, on a un problème. Parle le même langage que tes portes, tu vas les poser comme du monde! Il a fallu que je retourne au magasin avec une pièce : la porte!

Je dis au vendeur :
— Tony! *The water is falling n'river the rainbow n'canoe n'what the fuck?*
Il me répond :
— Ah, c'est rien, c'est normal, c'est un défaut de fabrication.
Ah, excuse-moi! Ce n'est rien, c'est normal, c'est un défaut de fabrication. C'est plate, parce que la fabrication, c'est pas mal la seule étape d'une porte! Si tu as *fucké* la fabrication, tu as *fucké* la porte!

Je lui dis :
— Ça arrive-tu souvent qu'une porte *fucke*?
— Ah, ça arrive 1 fois sur 100. C'est tombé sur toi.
Et il ajoute :
— La prochaine fois, quand il pleut, barre *ton* porte!
Quand il pleut, barre *ton* porte? C'est que, vois-tu, l'eau, ça déplace des continents! Penses-tu que les gouttes de pluie vont arriver dans *mon* porte et se dire :
— Mais qu'est-ce que c'est que ça? Verrouillé?
Demi-tour, pas possible!
S'il pleut, barre *ton* porte... La calotte glacière est en train de fondre, ferme tes stores!

Dans un autre magasin, je m'achète une nouvelle laveuse-sécheuse avec portes frontales. Avant, la laveuse tournait comme ça, à l'horizontale... Maintenant, elle tourne comme ça, à la verticale! Ce qui fait que si tu mets ton hamster dedans... il va mourir quand même! Mais il va obtenir un minimum de plaisir.

Donc, nouvelle laveuse-sécheuse. Moi, mon moment préféré du lavage, c'est le transfert : quand il faut lancer le linge propre dans la sécheuse. Je suis vraiment performant! Mais des fois, je ferme la sécheuse, je pèse sur *play* et là, oups! Il y a un morceau qui n'a pas survécu au transfert. Il n'est pas passé à l'ouest, il gît par terre. Il te regarde : «Prends-moi, je gis!» Tu dois alors l'intégrer à la sécheuse en pleine rotation forte. Est-ce que je suis le seul qui essaie toujours de... de faire le *one timer* de sécheuse, d'ouvrir et fermer la porte bien vite, sans que la sécheuse arrête? Et, ceux qui le font : avouez que, quand vous l'avez, vous êtes *over*-fiers pour rien : «Wouhou!»

Bref, nouvelle laveuse. Là, c'est sa première brassée. Elle est nerveuse. Je me dis : «Je vais la gâter.» Je lui donne mes bobettes. Je lance donc mes bobettes dans la laveuse, que je mets au cycle délicat : de la soie, de la dentelle, il faut faire attention à ça!

Je m'en vais dans le salon et j'écoute de la grosse musique bien fort :
J'AIME, J'AIME
TES YEUX, J'AIME TON ODEUR
TOUS TES GESTES EN DOUCEUR
LENTEMENT DIRIGÉS
SENSUALITÉ

Donc je suis là, je *boogie*, je livre la marchandise! Je me retourne, la laveuse danse avec moi dans le salon! Et elle n'est même pas bonne! Il a fallu que je retourne au magasin avec une pièce : la laveuse.
Je dis :
— Tony! *The washing machine is doing the moonwalk in the living room n'the sensuality n'what the fuck?*
Ça arrive-tu souvent qu'une laveuse fasse une fugue?
Il répond :
— Ah, ça arrive 1 fois sur 500. C'est tombé sur toi.
Et il ajoute :
— Avais-tu pris *le garantie prolongée?*
Le garantie prolongée? C'est son année recrue, c'est sa première brassée! Et c'est une laveuse. La laveuse de ma mère, je me suis fait changer de couche dessus et j'ai couché avec une fille dessus! Donc, il faut que ça *toughe* au moins six ans…

Ce que j'aime de cette *joke*-là, c'est qu'on ne sait pas si j'ai baisé tôt ou si j'ai chié dans mes culottes tard.

Tout ce que j'achète, ça pète! Je m'achète un barbecue au propane. Je pensais qu'une fois que tu avais un barbecue, tu étais un homme. Pas vraiment. Tu es un homme quand tu changes la bonbonne.

Ma bonbonne est vide. J'arrive à la quincaillerie, je regarde la fille, je dis :
— Tony!
C'est mon spectacle, je fais ce que je veux…
— Tony, la bonbonne est vide.
Elle prend la bonbonne vide, me redonne la bonbonne pleine. Et elle ajoute (avec un accent anglais) :
— Tu feras attention dans *le* voiture. Baisse toutes les fenêtres, parce que s'il fait trop chaud, la bonbonne peut exploser et là, il n'y a plus *la* Louis-José.
— C'est quoi les risques que ça explose?
— Bah, 1 sur 1 million. Ça tombera pas sur toi!
— Ah, tu crois…

Tout ce que j'achète, ça pète! Je m'achète un ordinateur. Je me ramasse avec le Power Mac G5 turbo ninja… La machine a des émotions, elle pleure des larmes d'encre. J'écris mes textes avec ça. Parfois, je commence une *joke*, et elle la finit toute seule. Donc, j'installe l'ordinateur chez moi, je l'allume, je le configure…

Au bout d'une minute : écran bleu. *Enter*. Il ne se passe rien. « Espace. » Choix discutable, j'en conviens. Mais je l'aime, « espace ». C'est le seul qui n'a pas son nom sur le piton tellement il est *big* dans la société de clavier. On dirait qu'il te dit : « Envoye, presse-moi, on verra ! » Pourquoi le piton fait 14 pieds de large ? Qui tape avec des mitaines ?

Shift, *Alt*, *Ctrl*, *Delete*, F1, F2, F3, *Escape*. Je suis en furie ! J'attaque l'alphabet : A B C D, A B C D. Là, je pogne les nerfs et je fais quelque chose de tellement tata… Est-ce que ça arrive des fois que ton ordinateur plante et qu'au bout de dix minutes tu pognes les nerfs, et tu te mets à lui écrire : *« Fuck you fuck you fuck you ! »*

Tout ce que j'achète, ça pète ! L'an dernier, James Brown venait faire un spectacle à Montréal. James Brown ! Le show est le 3 janvier. J'achète mes billets le 23 décembre. Il est mort le 25 !

Tout ce que j'achète, ça pète !

Je m'achète un four. J'aime cuisiner. Quand je cuisine, on dirait que… que j'ai un rond préféré ! Est-ce qu'il y a un rond que tu prends toujours en premier ? Tu as une belle complicité de rond avec ce rond-là. En avant, à droite. Très populaire. En arrière… on les *truste* moins. En arrière, tu l'allumes, ça sent la boucane ou le Windex.

Moi, j'aime beaucoup cuisiner. Je connais ça pas mal. Un matin, je me fais cuire une salade…

Ensuite, je vais dans le bureau pour imprimer des textes. J'arrive à l'imprimante, il reste juste deux, trois feuilles dans le bac. J'en mets des nouvelles. Est-ce que je suis le seul qui, pendant deux secondes, se sent coupable de mettre les nouvelles feuilles par-dessus les vieilles ? Parce que les vieilles, ça fait peut-être deux semaines qu'elles attendent. Elles ne sont pas tartes, elles savent que ça s'en vient… Elles voient les gros rouleaux d'impression et elles crient :
— Allez, prenez-moi !

Elles ont hâte de se faire imprimer ! Sauf que j'ai mis les nouvelles feuilles par-dessus les vieilles. Donc quand j'ai fait *Print,* les vieilles feuilles ont voulu sortir en même temps que les nouvelles… Ça arrive, des fois, ça pogne tout ensemble à la sortie. Eh bien, c'est ça, c'est de la frustration de vieilles feuilles ! Le problème avec l'imprimante, quand elle ne veut pas collaborer, c'est qu'il n'y pas beaucoup d'options. Il n'y a pas d'*Enter*, d'*Escape*, de *Delete*. Comme il n'y a pas beaucoup de boutons, on dirait que tu y vas direct pour la carrosserie. Ça se brutalise bien, une imprimante. Et ça s'est fini quand j'ai garroché l'imprimante dans la rue. Le problème, quand tu lances quelque chose de gros dans ta rue, c'est qu'il faut que tu ailles le chercher. C'est le matin. Je suis torse nu, en pantoufles, en boxer discutable… le genre qui brille dans le noir. Et je ramasse les miettes d'imprimante dans la rue. C'est ridicule. Mais ça se met à sentir le brûlé. Quelque chose brûlait. Ça venait de la maison.

Ramasse le bouton *On/Off*, éteins l'imprimante et rentre à la maison. Le feu est pris dans le four ! Là, là, four au gaz, flammes, torse nu, ça ne peut pas bien finir. Je regarde le feu, je fais une prière : « Seign… euh, Jés… » Est-ce que ça t'arrive de vouloir faire une prière et de te rendre compte que tu n'as pas la formation… Tu espères qu'il va te reconnaître : « On s'est déjà croisés : première communion, la cravate, les cheveux frisés… Vous connaissez ma grand-mère. » Tu ne sais pas comment formuler ta prière : « Cher mon Dieu… Notre Père qui, euh, *Jesus Lord*… À qui de droit… »

Je prends mon t-shirt et je frappe le feu avec mon t-shirt… mais le feu frappe mon t-shirt lui aussi. Donc le feu est pris après le gaminet, mais je ne m'en rends pas compte. Et en frappant, je me brûle le mamelon gauche. Et moi, je suis gaucher : c'est celui dont je me sers le plus…

Je ne la comprends pas, moi non plus, mais je l'aime bien.

Je prends le téléphone, je dis :
— Tony ! *I gotta pine on the fire !* Ça arrive-tu souvent qu'il y ait un feu de forêt dans le four ?
Il me répond :
— Ah, ça arrive une fois sur jamais. C'est tombé sur toi !

Mais moi, il faut que je m'éteigne le *flaming* mamelon ! Je m'en vais à l'évier, je prends le fusil, le lave-légumes. Et je m'arrose le *flaming* mamelon ! C'est ridicule. En même temps, à la télé, c'étaient les nouvelles. J'ai regardé ailleurs, parce que je voyais les grands titres de la journée et je me voyais en train de m'éteindre le *shaggy*… Et je ne voulais tellement pas, à ce moment-là, apprendre quelque chose d'important. Comme « le pape vient d'être assassiné ». Parce que chaque fois qu'un personnage marquant se fait tuer, on se souvient toujours de l'endroit où on était et de ce qu'on faisait quand on l'a appris. Et on est pris avec l'image pour le restant de nos jours. Nos parents se souviennent tous de ces détails pour Kennedy ou John Lennon… Moi, je ne veux pas de :
— T'étais où quand le pape s'est fait tirer ?
— Je ramassais mes restants d'imprimante dans la rue, en bobette. J'avais la pine en feu et je m'arrosais avec le lave-légumes !

Des questions ?

5995.0309.4711.2071
7ME0104001172
07.01.03. 20:00

Admission générale

Pour tous

Portes : 18:30

JAMES
51,50$
592332

Groupe Spectacles Gillett et Greenland
présentent

JAMES BROWN

mercredi, 3 janvier 2007 - 20:00

Métropolis
59, rue Ste-Catherine Est

51,50$

Prix net: 43.,88$ + taxes (TPS & TVQ) + frais (1,50$)

Pour avoir accès à des primeurs, préventes et promotions exclusives,
inscrivez-vous gratuitement à l'InfoTicketpro à www.ticketpro.ca

5995.0309.4711.2071
7ME0104001172

Admission générale

CLEBLA
Spec003
592332

Régulier (BO)

4904.7997.3755.4563
7ME0104001173
07.01.03. 20:00

Admission
générale

Pour tous

Portes : 18:30

JAMES
51,50$
592332

Groupe Spectacles Gillett et Greenland
présentent

JAMES BROWN

mercredi, 3 janvier 2007 - 20:00

Métropolis
59, rue Ste-Catherine Est

51,50$

Prix net: 43.,88$ + taxes (TPS & TVQ) + frais (1,50$)

Pour avoir accès à des primeurs, préventes et promotions exclusives,
inscrivez-vous gratuitement à l'InfoTicketpro à www.ticketpro.ca

4904.7997.3755.4563
7ME0104001173

Admission
générale

Régulier (BO)

CLEBLA
Spec003
592332

Le recensement

Tout ce que j'achète pète, tout ce que j'essaye plante. Il y a des périodes de ta vie où ça va mal. Tout ce que tu entreprends, ça ne marche pas. Tu te dis : « Tout ce que j'entreprends, ça marche pas. Je suis rien. On va m'enlever la majuscule au début de mon nom. On va me mettre entre parenthèses dans le bottin. »

J'ai eu une période comme ça quand j'étais au cégep. Moi, j'étudiais au cégep en musique quand, un jour, est arrivée la semaine de relâche. Bon, quand tu étudies au cégep, en musique, la semaine de relâche, tu ne la sens pas trop. Donc, je suis parti en relâche… et je suis resté là. Finalement, j'ai pris ce qu'on appelle une décennie sabbatique…

Je me retrouve chez mes parents, à Brossard, et je fais des petites jobinettes. Ce printemps-là, le gouvernement fédéral faisait un recensement. Le recensement, c'est le gouvernement qui prend les présences, qui compte la population. Ils avaient besoin de gens pour porte-à-porter. Ma sœur et moi, on s'inscrit.

On nous jumelle avec une autre personne, ça se fait deux par deux. Moi, je veux être avec ma sœur, pour ne pas tomber sur une inconnue et me rendre compte au bout d'une demi-heure que c'est une folle : au moins, avec ma sœur, je sauve une demi-heure… J'ai deux sœurs et les deux parlent plus vite que moi ! Mais elles n'ont pas l'humour, donc c'est juste désagréable. Bref, on ne peut pas être ensemble parce qu'on est de la même famille. On est donc redistribués avec deux autres personnes. Ma sœur tombe sur une belle madame, quarante ans, le beau sourire, le teint pur, les cheveux dans le vent : une annonce de yogourt… Moi, je tombe sur Reynald Paquette. Une annonce d'Imodium.

Reynald, c'était un monsieur d'origine ontarienne, mais qui vivait au Québec. Il marchait en monsieur… Moi, tous mes oncles marchent de même : le derrière un peu sorti, les épaules par en avant… Ça arrive à quel âge, ça ? Il se fait quand, le transfert de poids ? Et chaque fois qu'ils arrivent chez quelqu'un, les messieurs, il faut toujours qu'ils analysent les matériaux : « Ah ! c'est en Gyprock, ici… du Gyprock que vous avez ici… »

Et il était lourd, Reynald. Tout un roast-beef, toute une pièce : 6 pieds 4, 300 livres. S'il saute en parachute, on l'annonce à la météo. Quand c'est rendu que tu comptes comme une intempérie…

Donc le premier matin, ma sœur part avec l'annonce de yogourt. Moi, je pars avec Reynald Paquette, soixante-cinq ans, retraité, Ontarien. Wouhou ! Quand tu sais que ça va finir en sniffant de la coke sur le cul d'une pute ! Ça, c'était juste pour réveiller ceux qui ne suivaient pas.

Le recensement, c'est simple : tu sonnes, tu demandes le nom des occupants, leur date de naissance. Fin de la relation. Tu ne commences pas à placoter, échanger, faire des casse-têtes dans la porte. Non. Noms des résidants, et tu prends la poudre d'escampette, ou comme ils disent en anglais : *the powder of the escampets.* Sauf que Reynald, c'est un nouveau retraité. Et il n'est pas habitué de voir moins de monde. Alors lui, il entre dans les maisons, il s'assoit dans le salon, et il jase.

Donc au Canada, on n'est pas 30 millions. On est peut-être 50 millions ! C'est à cause de Reynald, on n'a pas eu le temps de les compter !

On arrive à la première maison, une grosse maison de riches, un peu qué-taine. Je sonne : ding dong dan dong… deu don dang dong. Ça commence mal. La sonnette-chansonnette. Quand tu mélanges richesse et mauvais goût… Une femme ouvre la porte. Elle ressemblait à sa sonnette. Mais on entre, mon Reynald s'en va siéger dans le salon. Et là, il fait quelque chose que tous les parents font :
— Vous êtes ici depuis? Sept ans, ah, sept ans.
Moi, j'ai un frère qui vit pas loin. Paquette,
Gaétan Paquette… de Saint-Agapit.
Il faut toujours qu'ils trouvent un lien avec tout le monde qu'ils rencontrent…
— Êtes-vous parents avec… Moi, je suis parent avec
Paquette, ici. Gaétan Paquette, vous connaissez
sûrement… forcez-vous un peu qu'on en jase!
Ou alors :
— Connaissez-vous? Paquette, Gaétan. Il a acheté en
1994, s'est fait bâtir en 1994. Ça fait une secousse!
Heille ! c'est quoi ça, une secousse ? Qu'est-ce qui se passe avec « secousse » ? Il va mourir ? Il n'est pas en train de se renouveler, le mot « secousse ». Pas un seul ado de quatorze ans ne dit : « Wow ! ça fait une secousse, le gros… » Il faut sauver « secousse » !
Reynald insiste :
— Il est ici depuis 1994. Il est de Saint-Agapit…
Il a acheté ici… Sa femme, c'est une Gauthier.
Gauthier… Elle, elle est de Québec…
La femme s'appelle toujours « elle » dans ces histoires-là…
— Elle, elle est de Saint-Agapit. Lui, il ne l'est pas…
Elle, elle l'est, elle. C'est en Gyprock, ici?
Du Gyprock, vous avez ici…

Je regardais ça, je saignais des yeux. J'étais assis là, je faisais ce qu'on fait quand on a vraiment du temps à perdre : je regardais la *fan* qui tournait au plafond… j'essayais de suivre juste une palette.

On est sortis de là… bourgeons étaient devenus feuilles !

Deuxième maison. Je cogne à la porte fleurie rose et mauve. Une madame ouvre. Elle ressemblait à sa porte… On enlève nos souliers, et la dame nous demande de mettre les… les petites pantoufles… en papier. On voit ça chez le dentiste ou à la clinique. Christie que tu n'es pas menaçant là-dedans ! Les sachets de la honte… en papier bleu chiffonné. Ça a l'air d'un bonnet de douche qui retient son souffle.

Moi, je ne porte pas ça, dans la vie. La vie est trop courte. Il n'y a pas un moment qui mérite d'être vécu avec ça dans les pieds.

La madame insiste :
— Je vous demanderais de mettre les pantoufles,
jeune homme.
— Moi, je porte pas ça, dans la vie. La vie est trop
courte. Y a pas un moment qui mérite d'être vécu avec
ça dans les pieds.
— Chez moi, tout le monde les porte parce que…
— Cessez-le-feu, madame, cessez-le-feu…
— Vous êtes obligé, tout le monde les met ici.
Non. Ce n'est pas vrai, ce n'est pas tout le monde qui les met. Éric Lapointe…
il arriverait chez vous avec des culottes de cuir, un *coat* de cuir, des chaînes
en or et des bagues sur tous les doigts. Je ne pense pas qu'il mettrait les
paper pantoufles !

On entre dans la maison. Reynald s'assoit dans le La-Z-Boy, et il s'étire
les pattes ! Il actionne la manivelle ! Il enclenche le maillet ! Il se *jacke* les
jarrets ! Combien de temps tu prévois rester là ? Qui entre chez le monde
et se *jacke* les jarrets ? Avec les *paper* pantoufles ! Donc, moi aussi, je me
jacke les jarrets, avec les *paper* pantoufles ! Là, ça avait l'air du village
des Schtroumpfs !

Reynald recommence :
— Moi, j'ai un frère qui vit pas loin d'ici… Paquette,
Gaétan Paquette, de Saint-Agapit. Le connaissez-vous ?
J'étais tellement à bout, je braillais de la bile ! J'ai commencé à perdre
mes cheveux à ce moment-là. Mes cheveux ont commencé à tomber à ce
moment-là. Mes cheveux ont dit : « Louis, on veut pas te suivre dans cette
vie-là… nous te quittons. » Pouks !

Troisième maison. Je n'ai même pas sonné, je n'ai même pas cogné, j'ai
juste crié : « Haaaaaa ! » Ma face était rendue comme celle d'une citrouille
d'Halloween qui traîne encore sur le perron le 15 novembre : « Est-ce qu'il
y a moyen de mettre fin à mes souffrances, s'il vous plaît ?… Les trous dans
ma tête, c'était drôle il y a deux semaines. Je suis toute molle de la face,
j'ai une vieille chandelle dans' gueule… »
Un monsieur nous ouvre. Il nous dit :
— Excusez-moi, je suis un peu sale. J'étais en train
de tirer du *gun* à peinture dans la cour. Est-ce que
ça vous tente d'essayer ?
Reynald en profite pour accepter, question de prendre ma coche et de la
péter encore plus fort !

On se retrouve donc sur le bord de l'autoroute, dans un champ, avec des
guns et de la bière. Ça avait l'air d'un après-bal mal organisé… Je trouvais
ça triste : je suis là, je ne vais pas à l'école, je n'ai pas de job, je suis avec
deux messieurs que je ne connais pas, en plein après-midi dans un champ
de patates. Ce n'était pas un beau moment de vie. Il y avait un cabanon dans
la cour, la porte était ouverte et, à l'intérieur, les nouvelles jouaient sur une
petite télé… Je ne l'ai jamais regardée. Je me disais : « C'est pas vrai que je
vais apprendre une catastrophe en direct, un tsunami ou un ouragan pendant le récital du ridicule ici… Et être pris avec cette image-là pour le restant
de mes jours. Être avec une fille plus tard et me faire demander :
— T'étais où le jour où l'Inde a été engloutie ?

— Je tirais du *gun* à peinture en buvant de la bière
avec deux retraités dans un champ de patates…
Veux-tu *frencher*? »

Là, mon Reynald s'installe, accote le fusil sur la boucle de sa ceinture…
— J'ai un frère qui vit pas loin, ici. Gaétan Paquette.
Connaissez-vous Gaétan Paquette, de Saint-Agapit?…
Il avait plus de temps libre qu'un radis dans une trempette. Eh oui, dans une trempette avec carottes, concombres, il y en a qui mettent des radis. Qui? Qui prend les radis? Pas une grosse demande pour les radis! Arrêtez de mettre des radis dans les trempettes! Christie que je revendique!

En sortant, je lui dis :
— Monsieur Paquette, c'est trop long, ça marche pas.
C'est trop long! On entre dans une maison où ils sont
deux résidants, on en sort, ils sont rendus cinq!
Ils se reproduisent!
Il me répond :
— Ah, écoute, José-Louis, moi, je fais ça pour tuer
le temps.
— C'est pas une raison pour assassiner ma jeunesse!

À la fin de la journée, tous les recenseurs se rejoignent à la maison de la responsable du recensement. Coin des rues Panama et Pelletier. Je revois alors ma sœur et son annonce de yogourt : elles ont fait 54 maisons! Nous, dynamique duo, on en a fait huit! On est payés à la pièce. Je ne suis pas fier de ça, mais je suis allé me plaindre :
— Écoutez, madame, avec M. Paquette, c'est trop long.
On entre dans les maisons, on reste là à souper,
on crée des liens. On se réécrit, on s'attache,
ça ne finit plus. C'est que, j'aimerais ça, moi aussi,
un jour fonder une famille…
Elle me répond :
— Écoute, Louis-Georges, je vais lui parler.
Elle lui a donc parlé. À la fin de la soirée, je sors de la maison. Lui, il est déjà dans la rue, et il m'attend. Du haut de ses 6 pieds 4, mais surtout, du large de ses 300 livres.

Je m'approche. Il me pousse, il me repousse, il me rerepousse! Triple pousse. Bon, éventuellement, je vais me défendre. Mais là, j'ai dix-neuf ans, il en a soixante-cinq. C'est quoi le règlement de la bataille? Parce que, oui, il est plus âgé, mais il est grand et costaud et un peu ontarien. Je suis tenté…
C'est un géant ontarien et j'ai peur… *I'm afraid.*
Il me dit :
— T'es juste un petit va-nu-pieds.
Je réponds :
— Quoi? Un va-nu-pieds? Je viens-tu de me faire traiter
de va-nu-pieds?
Même le terme « va-nu-pieds » a réagi : « Quoi? Moi? Es-tu sûr? Ai-je vraiment été prononcé? Excusez, je dormais depuis trente ans avec tuberculose, écornifleux et jarnigoine! »
Reynald s'en vient en position de bataille. Genre de bataille en noir et blanc. Il se battait façon 1930. Il se battait vintage!

Je lui dis :
— Je sais pas à quelle époque vous vivez, mais
restez là, bougez pas! V'là 10 cennes, achetez-moi
un terrain quelque part!

Je laisse tomber les gants. Les gants de laine gris, aux doigts coupés, avec l'option de mitaine qu'on remonte sur le dessus et qu'on colle avec du velcro. Les gants qui ont été à la mode trois quarts d'heure en 1996… Bon, je laisse tomber ces gants-là. Et, je l'avoue, j'avais peur. Parce que quand on se donne… à un homme d'expérience… on met son innocence dans la balance. Ça, ce n'est pas tout le monde qui la comprend, mais faites-moi confiance, c'est très drôle.

Là, il me prend, et il me tord le bras… Moi : claque sur le menton, claque sur le menton, claque sur le menton! Trois fois! Il n'a pas eu mal, mais j'ai gagné un toutou! On se bat, ce n'est plus des flatounes! Il me prend par le cou et il m'étrangle!
Je lui dis :
— Bon, je pense qu'on va se tutoyer.
Je me battais avec lui, mais je le vouvoyais encore. Il y a des christie de limites à la courtoisie! C'est ça qui était le plus bizarre… Je me battais avec lui et je le vouvoyais encore :
— Ah! Je vais vous péter la gueule, vous!
Vous allez en manger toute une, monsieur! Quin, toé!
Euh… quenez, vous!
Je lui fais la prise de tête. Avec le tête-frottis. J'ai été arrogant, j'ai appliqué le tête-frottis! Ça, c'est quand tu prends la tête de quelqu'un et que tu la frottes avec ton poing… Je vais vous dire quelque chose : quand on fait ça à quelqu'un qui est chauve, on dirait qu'il le prend plus personnel…

Il me pousse. Je revole tellement loin, j'étais rendu dans le show d'un autre humoriste… Je reviens dans mon anecdote. Il faut suivre, ça brasse ici, c'est sérieux. On se tiraillait. Moi, j'avais oublié que mon père venait me chercher au coin de Panama-Pelletier. Je capote, dans tous les sens. J'entends le Pontiac 6000 LE qui arrive, je vois mon père qui débarque, je sens l'odeur d'Old Spice qui approche, je goûte la main de mon père dans ma face, je touche le fond du baril.
Mon père me demande :
— Qu'est-ce que tu fais là?
— Ben, papa, je me bats…
— Écoute, Louis-Paul… Bats-toi avec du monde de ton âge!
— Ben là, ils ont tous des jobs…
Mon père regarde Reynald, il dit :
— Vous êtes qui, vous?
— Reynald Paquette.
— Paquette? Êtes-vous parent avec Gaétan Paquette,
de Saint-Agapit?

L'ironie dans tout ça est que cette bagarre a vraiment eu lieu à Brossard, en 1997, au coin des rues Panama et Pelletier. Et aujourd'hui, sur ce coin de rue-là, il y a un Loblaws. Chaque fois que je passe devant, je me dis : «Câline, je m'étais pourtant juré de plus jamais travailler avec un géant ontarien…»

La Guadeloupe

Tout ce que j'essaye plante. Heureusement, cette année-là, je suis entré à l'École nationale de l'humour. Quand tu commences à faire des spectacles, tu commences dans des bars... Il y en a des très le fun, et il y en a des... différents. À Montréal, il y avait un bar qui s'appelait le Club Med World. C'était un bar à thématique Club Med au centre-ville. Ça a fermé plus vite qu'un cabinet d'esthéticienne dans un camp de bûcherons...

Un soir, on m'engage pour un spectacle. On me dit :
— Tu fais vingt minutes de spectacle et on te paye avec un voyage pour deux.
Je réponds :
— OK, mais j'ai pas de blonde. Je pourrais pas faire dix minutes et y aller tout seul?

Bon, entre-temps, je me suis fait une blonde, une copine, une conjointe, une concubine, une *chiquita*. Ce ne sont pas des synonymes, elles étaient cinq. Non! Bref, on part tous les deux et on se dit : «On va se faire chauffer la couenne!» On dit ça quand on part dans le Sud : «On s'en va se faire chauffer la couenne!» On a une couenne, on amène ça et on se fait chauffer ça. On part là : maillot de bain, brosse à dents, couenne. C'est quoi, une couenne? On se la fait tous chauffer, on ne sait même pas ce que c'est! En fait, il y a deux définitions pour «couenne» : c'est de la peau de porc ou de la croûte de fromage... Moi, je pense que si on se fait chauffer ça, ça se peut que ça *puse*...

On arrive là, c'était en Guadeloupe. La Guadeloupe, c'est dans les Antilles. C'est une île française. Ça appartient à la France. Donc, tu es comme en France, mais sans les Français. Ils appellent ça le paradis.

Eh oui, une belle plage, dans une baie. C'était très écho. Mais pas un petit écho plate qui fait juste étirer ta phrase. Non, un vrai écho qui répète ce que tu dis. Ça, c'est le fun, sauf quand tu dis une connerie : «Chérie, j'ai du sable dans le cul...» Et ça joue en reprise...

La première journée, moi, je veux aller au bar dans la piscine. Parce qu'ils mettent un bar au milieu de la piscine. Là, tu as de l'eau jusqu'au cou et tu te promènes avec ton drink. Bon, c'est un peu jambon, un peu colon, mais j'avoue que parfois j'aime l'ambiance autour de ce bar-là. Je trouve ça très festif, parce qu'avec l'eau jusqu'au cou, on dirait que tout le monde fait un *tchin-tchin* perpétuel...

Tu rencontres des gens de partout. Il y avait beaucoup d'Espagnols. Ça parlait espagnol partout! Est-ce que ça vous arrive des fois, dans le Sud, de faire semblant de parler espagnol? Après deux, trois bières, moi, je commence à dire des : «Hé, Rico... *Kotoracachakiti, hé gracia la chica estatés sogorigi, ha haaaaa!*» Et là, oups! je pense que je viens de faire une vraie phrase! J'étais donc au bar de la piscine, il y avait une madame à côté de moi, et je parlais à ma blonde qui était plus loin :

— Hé, Maria ! *Cosola chéquitattaaagougo la lédos dosogrogos, quilaquilé, yaaaaaaa ! Kokorékéké !*

Et je pense que le « kokorékéké » était de trop. La madame me regarde :

— *Heuuuuuurrr, kokorékéké ?*

J'acquiesce avec fierté :

— *Kokorékéké !*

— *Heurrrrrrrr !*

Elle m'a donné un hamster empaillé. Je ne sais pas ce que j'ai dit…

Bon, on arrive à la plage. Là, tu décroches, tu tombes en vacances. Loin de tout, loin de tes problèmes. Tu es tout seul avec ta blonde qui fait du mono-kini, couché dans le sable blanc, les yeux fermés, à l'autre bout du monde, tu es tellement bien… et là tu entends :

— Jeannine, passe-moi la serviette !

Tu te dis : « Ah ! Shit ! Des semblables. Remets ton *top*. » Mais au fond, moi, j'aime ça savoir qui est québécois à l'hôtel. J'aime repérer les Québécois parce que moi, quand je vais dans le Sud, j'ai l'impression que personne ne me connaît, que personne ne me regarde… Je danse aux tables, je fais des pets de dessous de bras, je grimpe dans les rideaux, je suis une nuisance ! Je suis le gars épais de la semaine.

Mais c'est toujours quand je suis à quatre pattes dans le buffet avec une papaye dans le cul qu'une belle madame arrive avec ses ados :

— Monsieur Houde ?

— Shit… *Kokorékéké !*

— Vous êtes l'idole de mon fils… Regarde, Samuel, il a un fruit dans les fesses ! Va te placer à côté ! Je vais prendre une photo !

Le premier soir, on est au restaurant de l'hôtel, on parle avec l'hôtesse. Une Espagnole.

— *Quisi casa loco lo kikidas che dous…* des alligators des alligators… ohé ohé… au bal, au bal masqué ohé ohé, elle danse elle danse elle danse au bal masqué… elle ne peut paaaaaaaaaaaaas s'arrêter ohé ohé de danser danser danser danser danser !

C'était de la musique, de la musique ! Elle avait un accent de feu de camp, elle crépitait. Elle me demande mon nom. Et moi, quand je vais dans le Sud, mon nom… j'improvise là-dessus un peu. Quand tu t'appelles Louis-José, parfois, c'est le fun de prendre un break… Moi, quand je vais dans le Sud, je m'appelle Normand. Pour aucune raison. J'aime ça être un Normand, ça me fait rire. Je me sens confiant en Normand. Ma blonde protestait :

— Arrête ça !

— Non, non, embarque ! Sois Gisèle !

Au même moment, des Québécois arrivent à l'entrée du restaurant. On se dit bonjour, on placote, je prends des photos avec les jeunes, signe un autographe.

Mais là, l'hôtesse ne comprend plus rien :

— Hey, Normand… *What do you do, what for, the… pictures ?*

Elle veut savoir ce que je fais dans la vie. Là-dessus aussi, j'improvise un peu… Je lui dis :
— I play the drums in a rock band…
J'ai toujours rêvé de jouer du drum, donc quand je vais dans le Sud, c'est ça que je fais. C'est pour ça que je me laisse pousser les cheveux. C'est pour crédibiliser mon personnage de drummer dans le Sud.

Sauf que là, elle me demande le nom de mon groupe ! Je ne m'étais jamais rendu jusque-là dans ma menterie. J'ai un peu paniqué, et tout ce qui est sorti, c'est :
— It's the… The Respectables !

Deux semaines après, à Québec, j'ai croisé le vrai batteur des Respectables. Je lui ai dit :
— Viens ici, il faut qu'on se parle.
J'essaye de lui expliquer ça :
— Si tu vas au Club Med en Guadeloupe, dis pas que t'es le drummer des Respectables, ils te croiront pas… C'est moi !
— Voyons, Louis, t'es ben niaiseux !
— Non, non, appelle-moi Normand !

Quand on arrive dans le Sud, la première journée, on ne veut pas être blanc. On est gêné d'être blanc. Moi, j'arrive là avec mon teint de cheddar doux. Et je me dis que je ne mettrai pas de crème, pour bronzer plus vite. Un vrai prix Nobel ! Bravo ! Bonne décision !

Je me taponne un peu de crème sur le ventre, par politesse, par respect pour le soleil. Il a quand même une certaine ancienneté. Et je me couche, freestyle, pas de crème dans le dos. Je m'endors. On est à 15 pieds de l'équateur, on n'est pas à Victo. Ce n'est pas le même gars qui met les bûches dans le soleil ! Je me réveille. Ça sentait le méchoui. Je méchouisais. J'avais une fracture de la couenne… Sur le devant, j'étais marbré rouge et blanc selon où j'avais mis de la crème. J'avais l'air d'un prélart… I looked like a prelart. Le pire endroit où j'ai brûlé, c'est en arrière des genoux, dans les aisselles de genoux. Je n'étais pas capable de plier mes genoux. Hé, l'ami, as-tu déjà tenté de déambuler avec dignité… sans plier tes genoux ? J'avais l'air d'un Popsicle à deux bâtons qui se sauve de la boîte… J'entre dans les toilettes de la plage. Ça déclenche l'alarme à feu. Je transpirais de la boucane, je pissais des flammèches, je chiais de la braise !

Je suis en train de calciner. Et il y a un monsieur albinos qui entre dans les toilettes. Un homme allergique au soleil. Il me voit tout brûlé… Il était comme un végétarien dans une boucherie :
— Ah nononooooon… Méfiez-vous du soleil, n'allez pas au soleil, évitez le soleil. Moi, je n'ai pas ce problème, je suis allergique au soleil, je n'y vais jamais !
Je lui dis :
— Écoute ben, mon p'tit hors-concours, si t'es allergique au soleil, qu'est-ce que tu fais dans le Sud ?
C'était un monsieur albinos, homosexuel, français. T'sais quand tu n'es pas épeurant du tout, du tout.

Le lendemain matin, j'étais assis à l'ombre avec l'albinos. À côté de la piscine, et dans la piscine, il y avait des enfants qui jouaient à Marco Polo. On connaît ça, Marco Polo. Y en a un qui crie «Marco», l'autre crie «Polo». Et ça recrie «Marco», l'autre recrie «Polo», et «Marco» et «Polo», et «Marco» et «Polo»... et ça a l'air qu'éventuellement le plaisir arrive là-dedans à un moment donné... Des petits Québécois qui jouent à ça, ça s'endure... Mais avez-vous déjà entendu des petits anglophones jouer à ça ? In-sup-por-*fuckin*-table !
— Marcooooooooooooo, Polooooooooooooo ! Marcoooooooooooo, Poloooooooooooo ! Marcoooooooooooo, Poloooooooooooo ! ! !
Et avec l'écho, il y avait comme une mitraillette.
— Marco Marco Marco, Polo Polo Polo...
— Vos gueules ! Vos gueules ! ! ! Je jase avec l'albinos !

Donc, je jasais avec Al... Al Binos. Et il m'est arrivé quelque chose qui ne m'était jamais arrivé de ma vie. On jasait et il s'est endormi pendant qu'on jasait ! Il n'avait tellement pas d'intérêt pour ma personne, il s'est endormi pendant qu'IL me posait une question. Et il était désagréable. Il ronflait avec l'accent français :
— Sssssss... haaahooohéééélaaa...

Je me suis dit : «C'est assez, je m'en vais à la clinique.» La clinique... Êtes-vous déjà allé dans une clinique dans un Club Med ? C'est comme s'acheter un sandwich au Petro-Canada : ce n'est pas leur force. Le diplôme n'est même pas encadré, c'est un Post-it !

Mais j'étais avec ma nouvelle blonde, je ne voulais pas être plate. Je voulais faire les activités avec elle. Ce soir-là, on dansait dans le bar. On annonce un concours de «limbo». Moi, le cave, je m'essaye... je me plante violemment ! Essayez de vous relever sans rotules !

Ensuite, ça s'est mis à pleumer. C'était une pleumerie. La peau partait en tas et en toiles. J'étais comme un vieux pissenlit blanc qu'on *kicke*... Je balayais ma peau morte dans la chambre. Je porte-poussiérais mon épiderme et je jetais ma pelure. Je ne sais pas si vous avez déjà jeté votre propre peau, mais on a le feeling de mourir un peu...

J'ai passé la semaine sur la même chaise, à l'ombre, avec Al Binos. Dernière journée, excusez-moi, mais je lâche une espèce de rot ! Buuuurp ! Même l'écho s'est dit : «Non... trop dégueulasse. Moi, je répète pas ça !» Et là, je... oh ! non... Je touristise. Je touristise.
Je paniquais : «Je peux pas touristiser ! Je suis en maillot de bain, incapable de marcher... Je me rendrai pas au but, ça peut pas arriver dans ma vie.» Et je n'osais pas me lever, parce que comme chacun sait : «Qui va à la chiasse perd sa place...» Je me lève. Je monte les marches sans mes genoux, j'arrive à ma chambre...

J'ai fait une *power* gastro ! Et c'était le seul *spot* qui ne chauffait pas encore ! Je ne tomberai pas dans les détails, mais j'étais comme un feu d'artifice renversé ! Quand j'ai eu fini, je ne me suis pas lavé les mains, j'ai pris une douche ! C'était le pire moment de ma vie. J'étais tout seul, mais j'étais quand même humilié. J'avais laissé la porte des toilettes ouverte... Les nouvelles jouaient à la télé. Et là, je vois le deuxième avion qui rentre dans la deuxième tour...

Entracte

Le glamour d'un mardi soir de janvier à la polyvalente de Saint-Jérôme.

Ottawa, Centre national des Arts, 24 novembre 2009. J'ai eu droit à la loge du maestro.

Le maestro donne dans la fantaisie asiatique gaie.

Été 1987

Je me demande souvent pourquoi. Pourquoi tant de petites malchances dans ma vie ? Et j'ai fouillé, j'ai creusé. Creusé dans mes racines. Dans mes racines familiales. Dans mes ancêtres, mes ancêtres récents... mon père. C'est mon père, ça vient de lui. Mon père avait les mêmes problèmes que moi. Moi, je viens d'une famille très « années 1980 ». Notre grande période de gloire... très 1980.

On n'a jamais eu de Nintendo. C'était juste avant. On avait des jeux sur le Commodore 64. Ça prenait beaucoup d'imagination pour avoir du plaisir. Il fallait s'imaginer les vrais jeux de Nintendo : c'étaient toujours des imitations. On avait Super Mario Bros. Mais ce n'étaient même pas Mario et Luigi, c'étaient Richard et Daniel... En 1987, l'été 1987, on a fait notre plus beau voyage en famille en Gaspésie. J'avais neuf ans, on partait le 14 juillet, dans le Pontiac 6000 LE. Oui, on l'a eu longtemps...

Au volant, mon père. En 1987, mon père avait une moustache. Et savez-vous quoi ? Ça lui faisait bien. C'était le gros *bumper* qui protégeait notre famille... Quand j'étais petit et que j'avais peur, je rentrais dans la moustache de mon père. Et je m'y blottissais...

À côté de lui, ma mère. Pour le voyage, ma mère avait emmené sa lecture d'été. De la lecture d'été, de la lecture plus légère, des trucs moins profonds. Qui demandent moins de réflexion, moins de concentration : c'est l'été. Je n'ai jamais compris ça. C'est quoi le lien entre littérature et température ? Qui dit : « Ah ! Je lirais bien quelque chose d'intelligent, d'instructif, qui stimule mon intellect, mais vu le facteur humidex... pas possible ! » Tant qu'à faire l'effort de lire, vas-y ! Pousse, apprends quelque chose en même temps. Parce que, oui, il y a plus de mérite à lire un livre qu'à regarder la télé. Sauf que si tu regardes *Découverte* et que tu lis *Archie,* ça s'annule !

Mais ma mère, je ne la juge pas dans sa lecture. Il faut vraiment qu'elle se détende parce qu'elle est nerveuse. Elle a laissé ses plantes toutes seules à la maison. Ma mère trippe sur ses plantes. Elle leur parle. Il y en a qui trouvent qu'un chat, c'est indépendant. C'est parce qu'ils n'ont jamais *dealé* avec une plante ! Ma mère a demandé à la voisine d'arroser ses plantes trois fois par jour, tous les jours... Elle est nerveuse. J'ai encore l'image de notre famille dans l'auto : les deux parents qui fument, les fenêtres fermées, avec leurs trois enfants en arrière, aucun enfant n'est attaché ! Ma mère qui dit : « J'espère que les plantes vont être correctes... »

Banquette arrière, alignement de départ. Il y a moi en arrière de mon père. J'ai mes Adidas Stan Smith. Mes bas blancs aux lignes bleues et rouges montés jusqu'aux quadriceps... Ma cassette de Glass Tiger. Ma grande sœur en arrière de ma mère et ma petite sœur dans le milieu. Aaah ! Le milieu ! Quel endroit désagréable. Avec la bosse, à terre, tu as les rotules dans le palais ! Et la ceinture de sécurité est introuvable... Y a-t-il un objet moins performant que la ceinture de sécurité du milieu ? Ça coûte combien, mettre un élastique dans le milieu ? C'est toujours une longue lanière flasque et sans conviction… Qui pendouille partout dans le véhicule ou qui est coincée 14 pieds dans la craque du siège ! Des fois, tu rentres la main pour aller la chercher, et tu fais toutes sortes de découvertes… Tu touches du métal que tu ne connais pas, des miettes de biscuits de marques *discontinuées*, le Schtroumpf grognon. De l'autre côté, tu ne trouves jamais la clip pour l'attacher. Elle est toujours un peu enfouie sous quelqu'un. Et quand tu l'as, ce n'est pas la tienne…

En arrière de ma mère, il y a ma grande sœur, qui a douze ans, qui écoute trop Madonna et qui est dans la phase «tous les gars, c'est des cons». Et elle me regarde puis me dit : «*Strike a pose !*» comme dans la chanson de Madonna. Quand ma sœur me disait *strike a pose,* je n'avais pas le droit de parler pendant une minute. Je ne sais pas comment ce règlement-là est passé au conseil…

Là, tu as huit, neuf et douze ans, tu es collé sur la banquette, il fait 34 °C dehors. Tu es en petite shortette Adidas… Et il s'installe une visqueuse complicité entre ta sœur et toi au niveau de la jambe :
— Tasse-toi ! Tasse-toi ! T'es de mon côté, dépasse pas
la limite !
Tu crées des frontières dans les motifs de la cuirette…
— Dépasse pas le carreauté ! Papa, elle a dépassé
le carreauté !
Escarmouche.
— T'es de mon côté.
— Non, c'est toi !
— *Strike a pose !*
Et pour nous calmer, en conduisant, mon père utilisait la technique de serrer les mollets par en arrière : il nous *squeezait* les jarrets du revers…

On arrive en Gaspésie le 15 juillet. Mon père achète le journal. En première page : «Montréal inondée» ! Le 14 juillet 1987, la journée de notre départ, Montréal a eu une grosse inondation, il y a eu deux morts. Ma mère capotait, elle se sentait coupable. Elle disait : «J'ai tellement demandé à la voisine d'arroser mes plantes…»

On arrive au camping. Derrière nous, on tire une tente-roulotte. Tente-roulotte qu'on a louée. Ça, c'est pris après l'auto, et moi, j'avais entrepris de la déprendre. Mon père me regardait :
— Envoye, Louis-José, un p'tit coup sec ! Donne un p'tit
coup sec ! Juste un p'tit coup sec ! Un p'tit coup sec.
Un p'tit coup, mais… sec !

Pour mon père, tous les problèmes de la vie se règlent avec… un p'tit coup sec. Tout ce qu'il m'a enseigné, et il m'a enseigné beaucoup de choses, je pourrais résumer ça à : «Un p'tit coup sec !»
— Papa, comment j'enlève le pansement ?
— Un p'tit coup sec !
— Papa, comment je lance ma ligne à l'eau ?
— Un p'tit coup sec !
— Papa, comment on fait les bébés ?
— Demande à ta mère…

On s'installe dans la tente-roulotte. Et je ne parle pas d'un *wénébago*, je ne parle pas d'une roulotte. Je parle d'une tente-roulotte : la base carrée qui se déplie, avec deux lits et un lavabo. Et le lavabo, dans une tente-roulotte, ce n'est jamais un lavabo turbo-performant. C'est toujours une espèce de bébé lavabo qui n'a pas fait ses études en lavaboterie : «Ouais, je suis pas vraiment qualifié, je remplace. »

Dans une tente-roulotte, il y a un grand lit à chaque extrémité. Dans un des grands lits, ma grande sœur et moi. Dans l'autre grand lit, mes parents. Au milieu, sur le comptoir, ma petite sœur.

Ce soir-là, mon père est heureux. On venait de se coucher. Lui, il était encore debout au milieu de la place et il régnait. Content d'être en vacances, content qu'on soit là, tous ensemble. Tellement qu'il se penche pour m'embrasser, et moi… je n'ai pas voulu participer au baiser. Je ne l'embrassais plus vraiment comme ça, au coucher. Là, il m'arrive avec un succès souvenir…

À quel âge on arrête d'embrasser notre père, nous, les gars ? Je pense que c'est quand on arrête de l'appeler «papa» et qu'on passe à «p'pa». Quand «papa» tombe à une syllabe et devient «p'pa». Donc, moi, je suis déjà en mode «p'pa». Et quand il se penche pour me donner un bec, je lui lance : «Woh! On se calme le *power play*!» Alors il se penche par-dessus moi pour embrasser ma sœur dans le fond, qui lui envoie un : «*Strike a pose, daddy!*» Sauf qu'en se penchant dans le fond, la tente-roulotte fait… BANG!

Ma petite sœur couchée sur le comptoir glisse… dans l'armoire! Mon père plante, la tête dans le fond du lit, donc là, j'ai un peu son cul dans ma face! Et en 1987, il portait toujours des petites bobettes Speedo bleues qui n'étaient pas d'un super *fit*… Il avait une moustache, à quoi vous vous attendiez comme style vestimentaire ?

À l'autre bout, ma mère monte dans les airs, à cause de sa lecture trop légère. Elle crie :
— Il faut restabiliser la tente-roulotte !
— Es-tu sérieuse ?
Mon père retourne dans son lit, ça fait prrrffffttt! La tente-roulotte retrouve son équilibre. On revient à la surface, on s'endort. C'était comme une berceuse.

Le lendemain matin, tout le monde dort. Je me réveille le premier, petite envie de pépisse. On appelait ça «pépisse», peu importe… Je me lève, j'ouvre la porte de la tente-roulotte, je sors dehors, j'entends : prrrffffttt! Ma famille fait un *wheelie*! Mais de l'autre bord. Là, mes parents forment un tas parental au fond de la toile. Ma petite sœur, prrrfftt! Dans l'armoire!

Mon père hurle :
— Rentre en dedans !
— Mais j'ai envie de pépisse !
Ma mère réplique :
— Il faut restabiliser la tente-roulotte !
— Mais j'ai envie de pépisse !
Ma grande sœur dit :
— Strike a piss ! Strike a piss !!

Je rentre dans la tente-roulotte, j'escalade le prélart jusqu'à mon lit. Mon père dit :

— OK. Là, on se lève tous en même temps.

Les cinq… ridicules! On marchait pour répartir le poids équitablement en essayant de ne pas réveiller la gravité…

— Je vais au comptoir.

— D'accord, je vais au lavabo…

On sort de là, on arrive dehors. Je dirais que les voisins commençaient à nous regarder un peu… Pas grave, on fait notre journée d'activités. À la fin de la journée, on revient à la tente-roulotte. Avant de se coucher, on prend notre douche. On prend une douche de vacances : on va se baigner… Ça compte, ça compte! Ma mère se baigne, comme tout le monde. Ma mère se sauce, comme une mère.

— Hou, elle est fraîche, elle est fraîche…

Arrose-moi pas!

Le regard d'une mère qui ne veut pas recevoir d'eau, c'est le même regard que la mère qui parle au téléphone quand les enfants font du bruit :

— Oui, bien sûr, évidemment… Juste un petit moment, je vous prie… Heeeeeeiiillllle!!!

On retourne dans la tente-roulotte. On réussit à se coucher en équilibre… Mon père dit :

— OK. Caroline, Louis-José, Marie…

Quand il nous appelait en ordre de naissance, on était en danger.

— OK, demain matin, personne bouge, on se lève tous en même temps. J'en veux pas un qui se lève tout seul. OK?

Mais moi, à neuf ans… je n'étais pas des plus coopératifs. J'aimais bien la rigolade. Tellement que j'ai doublé. Je n'ai pas doublé à l'école, j'ai doublé mes neuf ans. J'ai trop déconné durant l'année. Le jour de mes dix ans, j'ai crié : «Yé!» Mes parents ont répondu : «Non! On recommence.»

Le lendemain matin, je me réveille encore le premier et… petite envie de… de cacasse. Je me lève, j'ouvre la porte de la tente-roulotte, je mets un pied dehors, quelqu'un me tape sur l'épaule. C'était la gravité. Je saute dans la tente-roulotte, elle fait toc d'un bord, toc de l'autre bord, et là, on roule! On roule dans le camping! Il n'y a pas de volant, pas de fenêtres, c'est une tente-roulotte! La famille mobile… roule dans le camping! On verrait ça dans *Bugs Bunny* et on dirait : «Non, ils vont trop loin, je décroche.» Et là, BANG! On rentre dans la roulotte d'à côté! Et c'était le matin. Avoir un accident, ce n'est jamais le fun, mais avant de te brosser les dents, ça *fucke* ton intimité. Mon père sort de la tente-roulotte.

— *Kokorékéké!*

Mais l'autre bonhomme sort pas mal plus de sa roulotte… Il n'existe pas de blasphème assez puissant pour satisfaire ton appétit expressif quand ta roulotte mange une tente-roulotte dans le cul! Avant que tu te sois brossé les dents.

Mon père s'approche du monsieur, le regarde dans les yeux, il tasse les couteaux… Et il lui dit quelque chose de mémorable, dont je vais me souvenir

toute ma vie. Il a regardé le monsieur et lui a dit :
— Je m'excuse, je le sais, c'est moi, c'est de ma faute…
J'avais un stop, je l'ai pas fait.

Je l'avais trouvé tellement cool! C'était mon idole. Cet événement-là a marqué ma vie, pour vrai. Depuis ce jour, quand je me retrouve dans le trouble, je m'en sors avec l'humour. J'essaie de faire une *joke* quand ce n'est pas le moment, ça surprend, ça détend. Le monsieur, au lieu de pogner les nerfs après mon père, il a ri.

Et ils ont commencé à placoter :
— Vous êtes de quel coin? Êtes-vous parent avec
Gaétan Paquette de Saint-Agapit?
Et le monsieur a même aidé mon père à trouver ce qui ne fonctionnait pas avec notre tente-roulotte. Il y avait un problème, c'était assez clair.
Le monsieur regarde ça :
— Pour moi, c'est tes piquets. Il y a un problème
avec tes piquets.
Il y a quatre piquets qui tiennent la base de la tente-roulotte, ils sortent par en dessous.
— D'après moi, c'est tes piquets, un problème de piquets.
Mon père réplique :
— Ah! Ben oui, ben oui… Les quoi?
Il n'avait jamais sorti les piquets aux quatre coins… On tenait avec des bûches! Je me demande pourquoi tout pète dans ma vie? Je descends d'un gars qui tient sa famille avec du bois de chauffage!

1987. La tente-roulotte… probablement louée avec de l'argent de jeu de société.

Le divorce

Je m'ennuie des vacances en famille. J'aimais voir mes parents opérer, gérer les activités. J'aime beaucoup observer les couples, leur mécanique. J'aime les couples mariés depuis vingt ans, trente ans, quarante ans. J'aime ça, les vieux couples. Un couple qui mange… et qui s'embrasse la bouche pleine. Ah! pour moi, ça c'est l'ultime complicité. Quand tu t'embrasses la bouche pleine, c'est pour la vie! C'est la bonne, agrippe-la.

Des couples qui partent de chez des amis en fin de soirée, qui arrivent dans l'entrée, mettent les claques, le béret, les manteaux et recommencent à jaser dans la porte pendant une demi-heure… Non! C'est fini! C'est fini, vous êtes dans la porte! Vous êtes disqualifiés comme visite!

Mes parents : très jaseux de porte, très drôles, des parents parfaits, très ouverts d'esprit. Et leur ouverture d'esprit a eu un impact direct sur ma vie. Oui, c'est grâce à eux si je fais ce métier. Parce que je n'étais pas vieux quand j'ai décidé que je voulais entrer dans une école, et j'avais surtout… comment on dit ça, donc? Ah oui! Pas une cenne! Et quand tu as dix-huit ans et que tu annonces à tes parents : «J'ai une idée pour ma vie… Je me verrais être plaisantin!» Ce n'est pas tout le monde qui dit : «Bonne idée, le gros!» Mais ils ont été très cool, très ouverts. J'avais dix-neuf ans, je venais de faire le recensement… et le lapin de Pâques dans un Jean Coutu… Bref, ça allait mal. Je suis arrivé dans le salon :
— OK, là, je suis sérieux. Je veux entrer à l'École nationale de l'humour.
Ils ont répondu :
— Tu sais quoi? Parfait. C'est ça que tu veux faire? *Go,* on t'aide. Combien ça coûte?
J'ai dit :
— Sept mille piasses.
Ils ont ajouté :
— Tu sais quoi? On te verrait vraiment en sciences humaines… On te dit ça de même…

Et ils m'ont toujours encouragé, encore maintenant. Maintenant, c'est un peu plus compliqué parce qu'ils ont divorcé. Récemment. Après trente-six ans d'union. Trente-six ans, ce n'est plus une relation, c'est une tradition. Ils étaient plus vieux que *La semaine verte* à Radio-Canada!

Ce que je trouve triste, ce que je trouve dommage là-dedans, c'est de se séparer à soixante ans. De divorcer… rendu à soixante ans. Il me semble que, quand tu fais le trajet Québec-Montréal, tu ne t'arrêtes pas pour pisser à Longueuil… Tu fais un effort pour te rendre jusqu'au bout!

C'est la manière dont je l'ai appris qui m'a perturbé. C'est un peu bizarre. J'ai appris le divorce de mes parents pendant que j'étais en train de… de faire cacasse. Et je vous jure que je n'invente pas ça pour créer un effet comique de toilette… Comprenez que si j'inventais l'histoire, je choisirais autre chose. Je me placerais dans une position plus glorieuse… Eh non! J'étais assis aux toilettes. J'étais à Sherbrooke, pendant la tournée de mon premier spectacle – disponible en livre et en DVD! À l'hôtel, je… je m'exécute. Et je peux me permettre de dire que je livre une solide prestation! À côté de la toilette, vissé au mur, il y a un téléphone. On voit ça souvent maintenant, dans les hôtels : ils placent un téléphone dans les toilettes, car c'est un endroit où tu as vraiment envie de parler à tes proches! Le téléphone sonne! Déjà, quand tu appelles de ce téléphone-là, tu es un peu gêné… Mais quand il sonne, tu es vraiment surpris : «Heille! Ils savent que je suis ici…» C'était mon père.

— Louis-José, c'est ton père. Écoute, il faut que
je te parle, c'est très sérieux, c'est très important.
Es-tu bien assis?
— Oui…
— Écoute, ta mère et moi, on va se séparer.

Et moi, je réponds :

— En combien?

Tellement je ne comprends pas de quoi il parle… Il me sort le mot «divorcer». Oh… On dirait que j'ai compris, là. Première question, très simple :

— Pourquoi?
— Ça marche plus, on n'a plus les mêmes intérêts.
— OK, mais vous avez soixante ans. Plus les mêmes
intérêts? Ça veut dire quoi? Toi, t'es rendu dans
le *body piercing*? Elle, elle remonte des chars?
Ça marche plus?

J'ai ajouté :

— Est-ce que je peux te demander comment ça va, mais
surtout, comment ça s'est fait? Comment ça s'est passé?
— Ah… Un p'tit coup sec!

On s'est mis à rire. Ça allait. Mais des fois, le rire n'est pas loin des larmes. C'est deux émotions qui se mélangent assez facilement. Je me suis mis à pleurer. Heille là, woh! Je ne pleurais pas super fort, sur la bolle… avec mon père!

Ce que j'ai trouvé bizarre aussi après, c'est de vivre ça à vingt-sept, vingt-huit ans. Ce n'est pas plus facile quand tu es petit, mais au moins, quand tu es petit et que tes parents se séparent et se remarient, tu as un petit avantage : tu as plus de cadeaux. Hé! J'ai trente ans! C'est moi qui en achète plus! Et ma blonde à ce moment-là avait aussi des parents séparés et remariés, donc je me suis retrouvé avec un minibus de parents… C'est toujours la fête de quelqu'un! Et je suis tout le temps rendu chez Stokes! Ou chez Le Rouet. Le Rouet… Christie de magasin de cadeaux de beaux-parents!

Ce qui est plus dur aussi quand tu vis ça à mon âge, c'est que tu as eu plus de temps pour les voir ensemble. Tu les as vus faire une grande partie de leur vie ensemble. Tu es peut-être plus attaché à eux, ensemble. Je m'ennuie de les voir ensemble. Je m'ennuie d'entendre quelqu'un appeler ma mère par son prénom. Ma mère s'appelle Angèle. Il y en a qui l'appellent Angèle, mais ce sont ses amis ou le reste de la famille, ça sonne très poli : «Angèle, bonjour, Angèle…» Mon père, il disait : «Anghhhèle!» C'était le seul qui avait le droit d'ajouter un H inutile au milieu : «ANGHHHÈLE!» Ça sonnait bien.

Aujourd'hui, ils sont très heureux chacun de leur côté. Et même moi, je peux dire qu'il y a quelque chose que j'aime bien là-dedans. C'est que, depuis que ma mère vit seule, je me rends compte que c'est un peu moi l'homme dans sa vie... Maintenant, quand elle a besoin d'aide, elle appelle Big-L! J'aime tellement ça, je suis son monsieur de confiance.

J'arrive là... Je visse des cossins : «C'est en Gyprock, ici? Pas de trouble, j'ai mes outils, tasse-toi, je suis en chantier!» Heille, je ne l'ai pas! J'ai des brillants sur mon chandail, pensez-vous que je répare des murs? C'est un choix que tu fais dans la vie, ça. Tu te tortilles sur une scène avec des brillants, ou tu es utile. Moi, j'ai choisi de me tortiller, je ne répare pas de murs! Je ne monte pas de meubles non plus. L'autre jour, je lui montais une bibliothèque, ça a donné une cafetière!

Elle vit toute seule dans une grande maison et il y a toujours des petits travaux, des petites rénovations à faire. Je l'aide comme je peux. Ce n'est pas facile. On dit que, pour un couple, des rénovations, c'est souvent une source de chicane. Oui. Mais quand c'est mère et fils, c'est encore pire. Elle surveille encore plus ce que tu fais. C'est ta mère pour de vrai, celle-là! Elle ne fait pas juste jouer à... Elle est l'originale.

Ma mère vit dans les Cantons-de-l'Est. Et moi, je loue un chalet dans le même coin. Quand je vais au chalet, souvent j'arrête chez elle, en chemin. L'autre jour, je l'appelle de l'auto :
— Maman, je suis en chemin. Je m'en vais au lac,
je vais arrêter chez toi prendre mon *suit* de plongée.
OK, je ne fais pas de plongée, c'était juste pour être un peu cool. J'aime que, pendant deux secondes, vous vous soyez dit : «Oh! Louis fait de la plongée...» Non, en fait, j'allais chercher mon pyjama en flanellette. Quoi? À la campagne, la nuit, c'est frais. Il y a brise, *man*, il y a brise. Je lui dis :
— Maman, j'arrête deux minutes, je viens chercher mon
pyjama en flanellette.
Elle me répond :
— Ah... J'ai rien à manger!
Il y a juste une mère qui peut répondre «J'ai rien à manger» à «Je viens chercher mon pyjama en flanellette».
Alors je lui dis :
— Non, maman, commence pas à cuisiner, je veux pas te
déranger. Fais pas de repas, pas de festin,
casse-toi pas la tête...
Déjà, elle n'est plus là, c'est fini, elle est partie, elle n'écoute plus, il n'y a rien à faire...

J'arrive chez elle, j'ouvre la porte de la maison... Ça sentait le réveillon! Sur la table, il y avait une pièce de viande... tellement grosse qu'un vétérinaire aurait pu la réanimer! Avec une soupe... pas une soupe, un bol de réconfort. Une fois, j'étais chez elle, ça n'allait pas super bien, elle m'a fait une soupe. Une soupe de ma mère, servie dans un bol de ma grand-mère. Je roucoulais... hrouhrour... Il n'y a rien de plus réconfortant que la bouffe de sa mère. Je suis allé souper là une couple de fois dernièrement... Je me suis abonné au réconfort maternel. J'ai une carte, je *punche*, café gratis prochain coup.

Tout ce que j'achète, ça pète. Un condom, ça pète, quoi, 1 fois sur 1000?... Sur qui pensez-vous que ça a tombé?... J'ai regardé ça, j'ai dit : «Tony!» qui était juste là, d'ailleurs... Non! C'est une blague! J'ai des brillants sur mon chandail, mais pas tant que ça, on se calme.

L'avortement

C'est ma blonde qui était tombée enceinte. Et on avait décidé de ne pas le garder. Décision très difficile. Parce qu'on voulait des enfants tous les deux, mais on voulait le faire comme il faut. Et on jugeait qu'à ce moment-là de nos vies, on n'aurait pas pu être de bons parents. On n'était pas prêts. On n'était pas rendus là. Et l'enfant serait né pendant la fin de semaine du Grand Prix… C'est le *party*, je ne suis pas disponible!

Si vous vous demandez pourquoi j'en parle, pourquoi je raconte ça, c'est parce qu'au Québec, il y a en moyenne 75 femmes par jour qui se font avorter. Et comme j'aime faire de l'humour sur notre quotidien… ça compte. Et je vous raconte le point de vue du gars. Vous allez peut-être trouver que je ne parle pas beaucoup d'elle alors que c'est elle qui a vécu ça. C'est justement parce que c'est sa vie à elle aussi, et je ne m'autorise pas à tout raconter, je me contente du point de vue du bonhomme.

Après avoir pris la décision, il fallait choisir une clinique d'avortement. Assez spécial comme shopping. Parce que tu veux tellement LA bonne clinique fiable. C'est ta blonde. Tu veux la clinique recommandée. Tu ne veux pas dire à ta blonde :
— Écoute, chérie, ça va bien aller. Le médecin,
tu le connais peut-être… il a déjà joué dans
Chambres en ville…
Non!

Le matin, j'étais très nerveux – quelle surprise! Elle était plutôt calme. Elle m'a dit :
— Apporte-toi de la lecture, ça va te détendre.
OK, mais qu'est-ce que tu lis pendant que ta blonde se fait avorter? Tu ne veux pas lire quelque chose de triste. Parce que c'est déjà triste. Et en même temps, tu ne peux pas lire quelque chose de comique. Tu ne peux pas lire un *Archie* dans la salle d'attente d'une clinique d'avortement : «Archie… Ha! ha! ha! sacrée Betty!» Non. Ça prend une bonne lecture d'été…

On arrive à la clinique. D'abord, à l'accueil, il faut régler. Un avortement en clinique, au Québec, coûte 300$. Alors, j'ai dit à ma blonde :
— Ben là, tu vas en payer la moitié…
C'est une *joke*! C'est une *joke*! Ça reste un show d'humour, on peut blaguer, pareil. Mais non, je ne lui ai pas dit ça… Elle l'a payé au complet. Non!

Ils m'ont proposé de régler avec ma carte ou en argent. Ce qui m'a un peu surpris. Je ne sais pas pourquoi, mais pour moi, c'était impensable de payer ça en argent. Payer un ébéniste comptant, je peux comprendre, mais il y a certaines transactions qui méritent un minimum de cérémonie… Ils m'ont donné un reçu. Ce que tu fais avec un reçu d'avortement, je ne le sais pas encore.

J'ai dit :

— J'espère que j'en aurai pas besoin... C'est parce que j'ai tendance à être malchanceux... Va pas falloir revenir au magasin pour ça?

Avant de passer en arrière, la dame à l'accueil nous a demandé d'enlever nos souliers et de mettre les... Non. Non. Les *paper* pantoufles! Il fallait mettre les *paper* pantoufles.

J'ai déclaré :

— Madame, moi, je porte pas ça dans la vie. La vie est trop courte. Y a pas un moment... pas un moment... même celui-là, qui est le pire de ma vie, qui mérite d'être vécu avec ça dans les pieds.

Je me disais : «C'est un moment de ma vie où j'ai besoin de me tenir droit, de rester fort. De prendre soin de ma blonde. Je vais pas vivre ça en *paper* pantoufles, certain.»

C'est confortable finalement. Ils me les ont fait mettre par-dessus mes souliers. Ce qui était un peu bizarre parce que j'avais des souliers de course un peu performants, mais avec des *paper* pantoufles par-dessus. Ça ne marchait pas. C'était comme faire de la vitesse en Ferrari, avec un matelas sur le toit.

Après, ils nous ont emmenés dans la salle d'attente. Et ils se sont occupés de ma copine tout de suite. Donc, je me suis retrouvé dans la salle d'attente, avec trois autres gars.

Je vais vous dire quelque chose : quand on se retrouve quatre gars dans la salle d'attente d'une clinique d'avortement, il ne s'échange pas trop de *high fives* là-dedans... Le problème, c'est que moi, j'ai juste une face. Alors, ce matin-là, j'avais mis la même que je mets à la télé. Les trois, à tour de rôle, semblaient dire : «Hein?!» Disons que, ils me regardaient... fort! Je recevais du jus d'yeux.

Des fois, on me demande : «T'es pas tanné que tout le monde te parle? Tanné que le monde t'arrête dans la rue?» Non. Ce matin-là, j'aurais aimé être plombier. Je n'étais pas bien, tout tourné dans mon coin. Je me disais : «Câline qu'ils me regardent... J'espère qu'ils pensent que je suis Sébastien Benoît.» Je me suis dit : «OK, Louis, pas de panique, c'est pas la fin du monde. Au fond, c'est trois autres gars dans la même situation que toi.» Et là, je me suis servi de l'exemple de mon père qui s'en sort avec l'humour. J'ai regardé les gars, et j'ai dit : «Comme ça, vous autres non plus, vous avez pas fait votre stop...»

Et pendant que j'étais dans la salle d'attente, j'ai vu une des choses les plus bizarres de ma vie. Il y a un gars qui est entré dans la clinique avec une attitude... trop à l'aise. Trop cool. Moi, je me disais : «Voyons, tu peux pas être un régulier de l'avortement! Tu peux pas entrer là avec une attitude de "Je connais le *staff*. Bon, il est où mon *Châtelaine*?"» Et le gars est entré avec deux filles. Les deux filles ont sorti leur carte d'assurance maladie. J'ai fait : «Haaaa!» Je ne tenais plus assis, haaaa! Je regardais les autres gars : «OK, nous autres, on sera peut-être pas la personnalité de la semaine, mais lui, il va trop loin!» Je me disais : «Non, ça se peut pas!» On s'entend, tu couches avec deux filles en même temps, déjà tu te sens un peu *king*. Les deux tombent enceintes? Il n'y a pas assez de broue à péter dans le monde? Pour te fournir en pétage de broue, il faut te livrer des camions de broue non pétée à domicile, pour que tu puisses en péter selon ton horaire!

À partir de ce moment-là, j'ai commencé à me sentir de plus en plus nerveux, inquiet, tendu et un peu perdu. Tellement que l'infirmière qui s'occupait de ma copine est passée deux fois dans la salle d'attente, et la troisième fois, elle m'a fait signe, m'a pris à part dans un coin et m'a parlé un peu :
— T'as pas l'air bien, comment ça va? Comment tu te sens?
— Euh… comment je me sens? Si on compare… avec, mettons, en quatrième année, une fois on avait fait une sortie au Ranch Massawippi… C'était pas mal plus le fun que ce matin…

Elle voyait que je n'étais pas bien et m'a emmené dans une petite pièce, pour que j'attende seul. Une petite pièce avec une chaise et un lit, où la fille va se reposer quand c'est terminé. Le personnel de la clinique, les infirmières, les femmes que j'ai rencontrées rapidement dans cette clinique-là sont parmi les êtres les plus attentionnés, professionnels, courtois que j'ai croisés dans ma vie. Des chaleurs humaines mobiles… qui se sont occupées de ma blonde comme sa mère l'aurait fait. Seul pépin, c'est que dans la clinique, ils font jouer la radio, comme dans n'importe quelle clinique. Sauf qu'en faisant jouer la radio, ils ne décident pas des tounes qui passent. La demi-heure où j'ai été assis là, j'ai entendu *Prendre un enfant par la main* et *Le plus fort c'est mon père.* Heille! *Fuck you,* Rock Détente!

Dans la petite salle, l'infirmière m'a fait comprendre que le moment était venu pour ma blonde. J'ai dit «OK». Et ce moment-là est devenu et est resté le plus lourd, le plus intense de toute ma vie. Parce que le débat au sujet de l'avortement est dans la question : «Est-ce qu'un fœtus, c'est une vie?» Moi, je pense que non. Mais je me suis rendu compte que, quand c'est ton fœtus, c'est un peu plus une vie. Et là, je suis tombé dans un état… pas végétatif… mais crudité-tif. On dirait que je ne me souvenais plus pourquoi on faisait ça, je ne me rappelais plus les raisons, j'étais en train de regretter, mais ça se passait au même moment, donc je paniquais. Et pour combattre cette culpabilité qui s'installait, je m'étais mis à me dire, naïvement je le sais, je m'étais mis à me dire qu'on aurait un jour un enfant ensemble et que l'enfant qui allait naître serait le même que celui qui ne naîtrait pas maintenant. Que ça allait être les mêmes cellules, la même petite âme, le même fœtus qui reviendrait… Bon, c'est sûr que si c'est le même fœtus qui revient, il va avoir une christie d'attitude en sortant : «Ouain… je suis venu faire un tour, il y a deux ans. Merci pour l'accueil! Je me sens désiré, c'est pas possible! Attendez, dans quarante ans, qu'ils légalisent l'euthanasie! Je niaiserai pas longtemps avec vous autres, moi, câlique!»

Ça n'allait vraiment plus. J'avais juste le goût d'être avec elle, de l'autre côté, et dire : «Héééhooo, qu'est-ce que c'est que ça, on arrête ça! On va être corrects, on va s'arranger. Viens, je vais te faire une soupe. Et dans neuf mois, tu vas te saucer comme ça : "Hou! elle est fraîche…"»

Je revoyais ma vie, sa vie à elle, l'éducation que j'ai eue, les choix que j'ai faits. Et je me disais que ce n'était pas dans les plans, ça. Je ne m'étais jamais imaginé là. Je ne l'avais jamais imaginée là. Je pensais à mes amis qui ont des enfants, Christian, Israël, René Tousignant…

Je suis resté assis et, pas longtemps après, elle est revenue. Elle s'est couchée, j'ai pris sa main, on a parlé, je l'ai regardée dans les yeux et je me suis dit : « Plus jamais. » Évidemment, je ne suis vraiment pas le premier à vivre quelque chose comme ça. Sauf que pour moi, ce n'est pas fini. On arrive à la maison, je m'occupe d'elle, c'est sûr, mais je prends le temps aussi d'appeler mon père... pour lui souhaiter bonne fête. Elle s'était fait avorter la journée de la fête de mon père. Bon, il y en a qui disent que le hasard fait bien les choses. Moi, le hasard, si je le vois par hasard, je lui pète la gueule ! Ce n'est pas fini. Ce qui est arrivé, ce jour-là, c'est qu'il y avait un message dans ma boîte vocale. Ce message-là, je vous le raconte le plus honnêtement du monde et je serais cheap, extrêmement malhonnête d'inventer ça. C'était un message de mon gérant, qui me disait : « Il faut que tu sois au gala de VRAK.TV dans deux semaines... »

VRAK.TV, le poste de télé pour les ados, organise un gala appelé « KARV, l'anti.gala », où sont remis plein de prix à des artistes d'ici. Et il me dit : « Bravo, mon vieux, tu viens d'être nommé "L'artiste québécois que vous aimeriez avoir comme père" ! »

La même journée...

Tabarnak. Il n'y a pas d'autres mots : tabarnak ! J'en ai essayé d'autres : sapristi, cacahouète, non... Tabarnak ! Il y a un sacre dans le spectacle et il est là : Tabarnak ! C'est trop *fucké*. Il n'y a personne qui fait avorter son enfant le jour de la fête de son père et, tout de suite après, reçoit un message qui lui dit : « Les jeunes de ton pays aimeraient t'avoir comme père ! » Ça ne se peut pas, ce n'est pas humain comme journée ! La vie ne peut pas te *cross-checker* dans la face de même ! C'est quoi, ça ? Et ce n'est pas fini. Parce que, pour une fille, je pense qu'il n'y a rien de plus contre nature que l'avortement. Et même si c'est une décision prise à deux, quand ta blonde se fait avorter, après, ça se peut qu'à ses yeux, tu ne sois pas tout à fait l'homme de l'année...

C'est une épreuve dont on ne s'est pas remis, et un matin, elle est partie. Et là, je me suis retrouvé chez ma mère, la face dans la soupe. Je me suis retrouvé dans une zone où je n'étais jamais allé. Je n'avais jamais été malheureux. Ça arrive à tout le monde et souvent, au début, ce sont des petits malheurs, ce n'est pas grave. Dans mon cas :
> Tout ce que j'achète, ça pète, OK.
> Je lâche le cégep, OK.
> Je me bats dans la rue avec Reynald Paquette, OK.
> Je me brûle les aisselles de genoux en Guadeloupe, OK.
> Mon père me traumatise avec une tente-roulotte, OK.
Mais là, dans la même période :
> Mes parents divorcent, euh... OK.
> Ma blonde se fait avorter, euheuheuh... OK.
> Ma blonde s'en va... non !
Non. C'est trop gros, je ne suis pas assez fort. Je ne peux pas. Je ne peux pas suivre. Je ne peux pas suivre la parade. Je suis comme perdu sur le bord de la route... et je ne comprends pas. Dans ces moments-là, tu tombes dans la phase où tu ne peux rien faire. Tout te fait penser à la personne. Tu ne peux pas regarder la télé. Tu ne peux pas lire, tu ne peux pas écrire. Tu ne peux pas fonctionner. Tu ne peux pas supporter d'être réveillé.

«Endormez-moi et réveillez-moi pour les shows. Sur scène, je suis correct,
le reste m'intéresse plus. »

Des fois, tu dors, tu es bien, tu te mets à rêver à quelque chose de le fun,
tu es bien… et elle arrive dans ton rêve. «Qu'est-ce tu fais là, toi? Pars-
toi-z-en un rêve! » Je me suis mis à faire des crises de panique. Moi qui fais une
crise de panique, c'est assez spectaculaire. Une fois, j'ai croisé une poule
pas de tête. Elle a dit : «Voyons, il est ben énervé, ce câlique-là! » La panique,
c'était parce que je pensais à quand elle était enceinte : même si on savait
qu'on ne le gardait pas, je trippais tellement de savoir qu'elle était enceinte
que j'avais le goût de le dire à tout le monde. Ça m'a donné encore plus le
goût d'avoir des enfants. Et elle, pendant cette courte période-là, elle était
encore plus belle que d'habitude. Ses yeux pétillaient. Elle était pulpeuse.
Moi, j'aime bien les pulpeuses, mais là, elle pulpait de partout! C'est un fait,
on le dit souvent, je n'invente pas ça. Les filles, vous êtes plus belles quand
vous êtes enceintes. Vous êtes encore plus belles et plus drôles quand vous
êtes mères.

Les mères et les pères

Moi, je l'aime, ma mère, c'est sûr, mais j'aime les mères de mes amis, j'aime mes tantes, je les trouve toutes drôles. Je trouve que les mères ont toutes quelque chose d'accueillant, de chaleureux et elles veulent toujours te nourrir, elles veulent tout le temps te nourrir! Dès qu'une fille a un enfant, elle devient cantine mobile : «As-tu faim? Mange un peu…» Ça me fait rire, l'instinct maternel.

J'aime ça, moi, une vraie mère, une vraie môman, une vraie de vraie, une mère! Une mère qui a un rire du jour de l'An. Harrahaha!
J'aime les mères qui sentent la mère; un mélange d'inquiétude et de confiture aux fraises. Une belle môman, une vraie môman. Une môman.

Une mère dont tu te dis :
«Non, ça se peut pas. Elle a jamais été cochonne…»

Une môman cool. Une mère qui lave tes draps d'adolescent… sans dire un mot sur la *game*.

Une mère délicate. Une mère qui ne sacre pas. Ce n'est pas une loi écrite, mais si tu t'appelles Solange… est-ce que tu as le droit de dire «câlisse»? Je ne crois pas.

Une mère qui, plus elle vieillit, plus elle laisse s'allonger le délai entre le moment où elle décroche le téléphone et celui où elle dit «allo». Quand tu appelles ta mère, c'est rendu : DRRRING! Elle décroche, tu l'entends respirer, tu l'entends arriver… «Hello!» Quand elle avait quarante ans, c'était : DRRR! «ALLO!»

J'aime la mère accompagnatrice. Vous savez, à l'école, quand on faisait une sortie, dans le Vieux-Québec ou dans un musée, il y avait le professeur et il y avait toujours la mère d'un élève qui accompagnait le groupe. Avec des shorts beiges, des espadrilles Sugi et le petit sac banane à la taille…
— Bonjour!
Je m'appelle Nicole!
Christie que tu ne voulais pas que ce soit ta mère qui accompagne! Parce que, avec elle, tu étais comme en liberté conditionnelle…

La mère qui a une belle écriture. Toutes les mères ont une belle écriture. Lettres attachées inclinées, très classique, invitation à un mariage. Ma mère peut écrire «crève en enfer», et ça reste de la poésie.

Une mère qui a le dos barré, qui fait de l'arthrite, qui a une pierre au rein, mais qui a toujours peur que tu te fasses mal… La mienne, elle dit toujours : «Attention à tes reins!» Je mange sa soupe : «Attention à tes reins!» Je me lève debout : «Attention à tes reins!» L'autre jour, elle se promenait en t-shirt, sans brassière, j'ai dit : «M'man, attention à tes reins!»

Une mère qui laisse la lumière du perron allumée jusqu'à ce que tout le monde soit rentré le soir. Moi, ma mère laissait toujours la lumière du perron allumée jusqu'à ce que je sois rentré. Le nombre de fois que ça m'a sauvé la vie, cette lumière-là… J'ai seize ans : «Je ne trouve pas ma maison! Ah! La lumière!»

Une mère dont la guenille de cuisine ne pue jamais. Comment elles font? Moi, ma guenille de cuisine, deux torches et elle sent le *jockstrap*. Ma mère me lavait les coins de la bouche avec la guenille de la cuisine et je m'y plaisais, oui, je m'y plaisais…

J'aime les mères qui ont un peu de rouge à lèvres sur une dent et qui ne s'en rendent pas compte. Là, les filles, vous êtes toutes en train de vous passer la langue sur les dents…

J'aime les mères qui nagent comme ça, les épaules sorties de l'eau… parce qu'il ne faut pas qu'elles mouillent leurs cheveux. Une mère, ça n'a pas le droit de mouiller ses cheveux. Je ne sais pas ce qu'elles mettent là-dedans… Moi, je n'ai jamais vu ma mère se mouiller les cheveux. Ça s'en va la tête haute, le cou étiré. Des fois, elles ne nagent même pas, elles marchent dans la piscine…

On a des drôles de pères, aussi. Des bonshommes conteux de *jokes* qui vieillissent drettes, qui vieillissent fiers. Un père en veston-cravate à l'église, le soir de Noël : tasse-toi de là! Moi, mon père, quand il est en veston-cravate et qu'il me traite d'épais, je le crois.

Un père qui sent le père : un mélange de confiance et de bran de scie. Un père qui a voté au référendum de 1980. Qui a joué au hockey avec une palette drette. Qui a déjà branché un frigidaire jaune. Il en a vu d'autres…

Un père qui a toujours eu des lunettes, un père qui porte toujours des lunettes, et quand il les enlève… tu as un peu peur de lui. «Papa est pas pareil…»

Un père qui, quand il peinture dans la maison, met ses anciennes lunettes, pour ne pas salir ses lunettes de l'année. Le mien, il me sort ses *bay-windows* 1984, avec plein de picots de peinture dedans… On revoit l'historique des couleurs de nos résidences dans ses lunettes. Et il peinture avec la petite casquette en papier blanc Sico qu'on nous donne avec le gallon.

Un père qui a fêté dans sa jeunesse, mais pire que ça, qui a fêté dans les années 1960… quand le gros bon sens n'était pas encore à la mode. Quand ça brassait pour vrai, quand ça fêtait FORT. Mon père, il lui manque un index, il a perdu un index en chemin. Je vous jure, il ne se souvient pas de ce qui est arrivé! C'est flou! Il faut vraiment être en état d'ébriété! Comment peux-tu perdre un membre et ne pas te rappeler où? Il le raconte, et c'est n'importe quoi :

```
— Ahhh… c'était en 1968, 69, 75, 86, 2004, dans ce coin-
là… Il y avait ben de la bière, une marmotte,
une poulie…
```

Un père qui gère les taches d'huile dans l'entrée. Quand tu fais faire l'anti-rouille sur ton auto ou quand le moteur coule, ça fait des taches d'huile dans

l'entrée. Le père a toujours un truc bizarre pour les faire disparaître :
— Mets de la litière pour chat, un peu de persil,
lâche un pet !

Un père qui engraisse un peu chaque année, mais qui ne change jamais de maillot de bain !

Un père qui passe ses étés à nettoyer la piscine, mais qui ne se baigne jamais. C'est la loi.

Un père qui ouvre la piscine au printemps. Et quand le père ouvre la piscine, la première chose qu'il fait : les feuilles mortes! Avec la puise, il puise les feuilles mortes. Mon père ne faisait pas ça avec la puise, il trouvait ça trop long, et moi, j'étais énergique un brin et il s'en était rendu compte... Il avait calculé que c'était moins long de m'envoyer dans la piscine... Ça ne s'invente pas.

On avait une piscine hors-terre. Il y avait deux, trois pieds d'eau dedans au printemps. Le tabarnane, il me faisait mettre des bottes hautes, un sac à vidanges sur chaque bras, un sur chaque jambe, un autre comme culotte, un comme chandail, et il me collait ça avec du *duct tape...* Il me lâchait *lousse* dans le baril et moi, il fallait que je ramasse les feuilles mortes dans mon *suit* de vidanges. Et lui, il courait autour de la piscine avec une chaudière et il recueillait mes dons de feuilles...
— Envoye, Louis-José, envoye ! Un p'tit coup sec !
Un p'tit coup sec !

Un p'tit coup sec!
Et aujourd'hui, il se demande pourquoi je n'ai pas une job sérieuse...

La vie change, la vie change trop vite. Mon grand-père a eu mon père à vingt ans. Mon père m'a eu à vingt-cinq ans. Moi, j'ai trente ans...

Et j'essaye... de suivre la parade.

2

EN

TOURNEE

Droite : juin 2001. Gauche : juin 2007. Entre les deux : excès, succès, échecs et beaucoup trop de *coolers* cheap qui existent juste l'été.

Matane, traversier. J'ai constamment besoin d'attention. Je vais la chercher jusque dans vos chars…

MAXIMUM
16
km/h

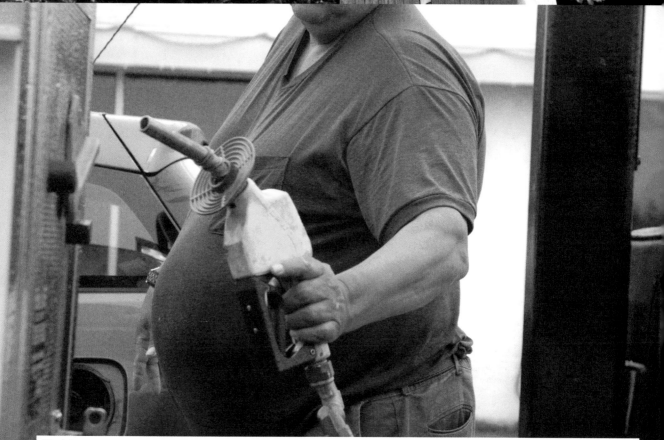

Eh bien...

Je ne sais pas encore si c'est arrivé pour vrai ou si je l'ai rêvé…

Gatineau, 2007. Une demande en mariage sur scène. Je ne me souviens pas, mais d'après moi, elle a dit oui.

Je me suis déjà fait *cruiser*, mais direct de même, jamais.

Place des Arts, février 2008. Je n'ai aucun sens de l'orientation. Ils sont obligés de

Québec, 30 janvier 2008, première médiatique. Pierre-Luc, mon directeur de tournée, m'arrive
déguisé en fatigant de la Nouvelle-France qui crie «Oyez! Oyez!» deux minutes avant le
spectacle, parce qu'il sait que j'aime quand on fait des conneries en coulisses. Mais je l'ai
immédiatement congédié.

Au restaurant, on était d'accord avec le mur.

Dolbeau, bar de l'hôtel, complicité.

ALENDRIER RACONTENT /4 et 5

Actualités /3

L'INFORMATION RÉGIONALE 75¢ taxes incl. en Floride 2.25 $

2008
29 FÉVRIER

bune

DÉCORÉ
e FOIS

d'hui la Médaille de la bravoure

Louis-José
Houde

Une formidable
machine
à faire rire

/43

La critique de Sherbrooke. J'aurais préféré «formidable machine à danser», mais bon...

Sherbrooke. T'sais, l'expression «J'en ai plein mon casque!»…

Chicoutimi. J'aimerais tellement qu'ils mettent cette photo-là dans le dépliant de l'École du Show-Business…

Sainte-Marie de Beauce. Si on m'enlève les brillants, on y croit presque.

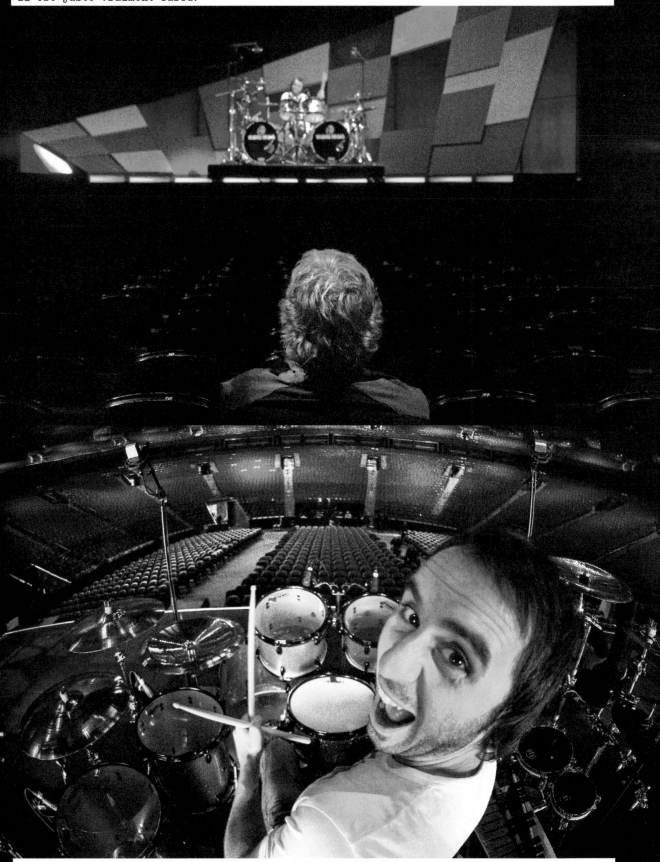

Centre Bell, 11 avril 2008. Mon metteur en scène, Joseph Saint-Gelais. On le voit de face, il est juste vraiment barbu.

C'est incroyable! Mon front cache le tiers du parterre!

Je fais plein de cabrioles qui saisissent l'œil, les oreilles et parfois les narines.

Rouyn-Noranda. Ce que j'aime de ça, c'est qu'un jour, il y a eu un meeting où quelqu'un a dit : «Je pense qu'on devrait installer un gars en carton qui joue de la trompette assis sur le toit. Et on devrait le faire blond avec des bas blancs. Est-ce qu'on a du carton blond pis du carton blanc?»

Rouyn-Noranda. C'est avec une fine poésie que je vous dirais : «Ça sent la truite…»

Le ciel de Rouyn. Assez tranquille au niveau des oiseaux.
C'est moi ou le gars en bas a une énorme tête blanche?

La Sarre. Fouille-moi. Aucune idée. Ancienne station-service? Bar de *gogo boys*?
Juste de pouvoir mélanger les deux rend ça encore plus bizarre.

Un an après. Qui s'est levé un matin en se disant «Ça me prendrait deux O»?

Thetford Mines, mars 2009. Pris en flagrant délit… de tendresse.

Val-d'Or, avril 2008. Dans un St-Hubert, Pierre-Luc et moi participons à une cérémonie de bonne fête. Devinez où on est…

La fameuse grande roue de la Beauce. Situé non loin de Saint-Georges, ce chef-d'œuvre d'architecture suscite toujours les «Que c'est ça?» ou les «Que c'est qu'elle fait là toute seule?» et les «Me demande si elle marche» ainsi que les «Ben non, elle marche pas, contente-toi de faire tes spectacles de clown, pis pose pas de questions». Bref, un mystère pour toute la famille.

Entre janvier et juin 2008, j'ai donné 107 spectacles. Vers la fin, après une représentation à Saint-Irénée, je me suis endormi en enlevant mes souliers. Je vous dis ça de même, je ne suis pas le plus efficace dans un déménagement...

Dans la même période, j'ai perdu 12 livres et me suis retrouvé à la même épaisseur que cette chaise.

Québec, septembre 2008. En pleine heure de pointe, les fesses de Philippe ont salué l'autoroute
«Je suis vraiment heureux. »

Robert-Bourassa pendant une bonne dizaine de minutes. À ce moment précis, je me suis dit :

À ma gauche, en bas, un chien MIRA. Au moment où je l'ai entendu rire, j'ai remis mon humour en question.

Aucun rapport avec la photo, mais il me semble qu'il y a de moins en moins de Mireille.

Val-d'Or, avril 2008. Un jeune spectateur atteint de leucémie m'a confié une mèche de ses cheveux avant le spectacle. Je l'ai collée en arrière de mon décor et elle y est restée toute la tournée. Bon, j'ai aussi tenté de m'en servir pour regarnir mon front, mais sans succès.

Centre Bell, rituel d'avant-spectacle. Moment où l'on sépare les hommes des enfants. Finalement, on est tous des enfants.

POUR COUPE DE CHEVEUX... S.V.P. ME FAIRE PAGER PAR LA CAISSIERE.
(JE SUIS SUR LES LIEUX)

FOR HAIR CUT'S PLEASE HAVE ME PAGED @ CASHIER
(I AM IN THE BLDG)

HAIR SALON HIS & HERS

OPEN

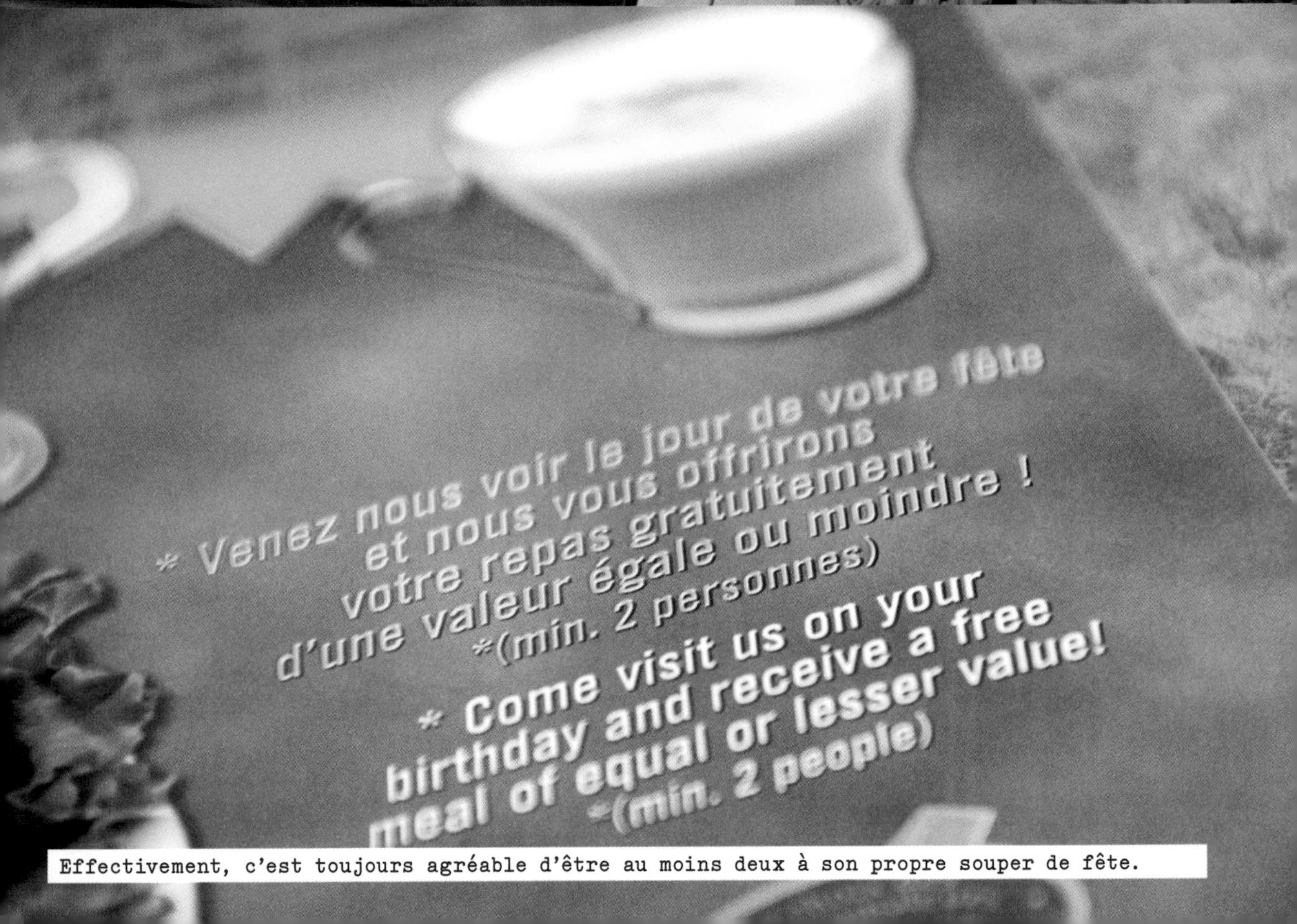

* Venez nous voir le jour de votre fête et nous vous offrirons votre repas gratuitement d'une valeur égale ou moindre !
*(min. 2 personnes)

* Come visit us on your birthday and receive a free meal of equal or lesser value!
*(min. 2 people)

Effectivement, c'est toujours agréable d'être au moins deux à son propre souper de fête.

Pierre-Luc torse nu à Québec. Ça prendrait vraiment un adulte avec nous.

Je ne sais pas ce qui se passe dans mon ordinateur, mais c'est louche.

«Hey, le gros! Tu torches.»

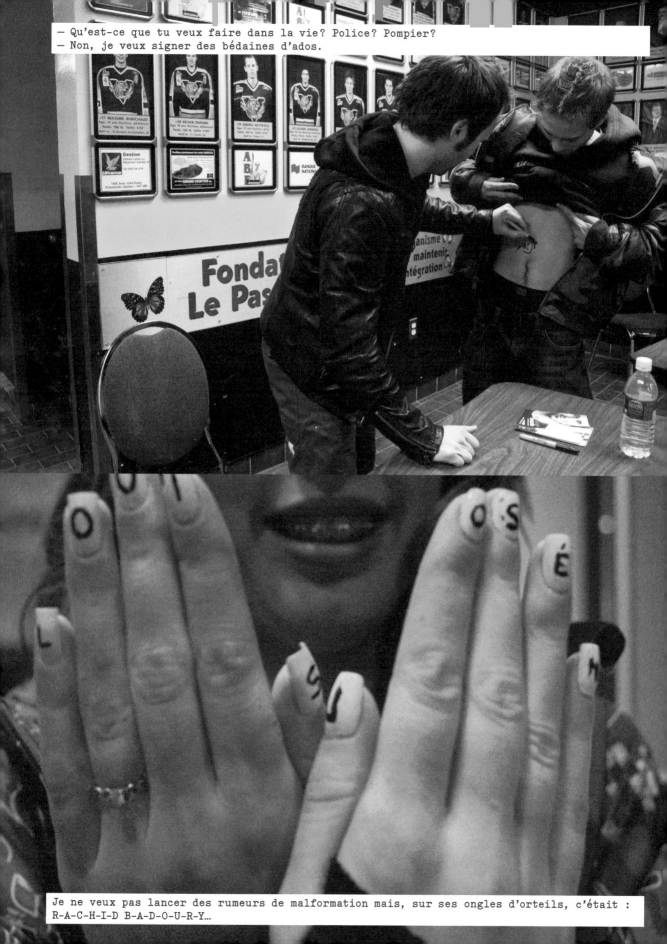

— Qu'est-ce que tu veux faire dans la vie? Police? Pompier?
— Non, je veux signer des bédaines d'ados.

Je ne veux pas lancer des rumeurs de malformation mais, sur ses ongles d'orteils, c'était : R-A-C-H-I-D B-A-D-O-U-R-Y...

Alexandre Barrette a assuré la première partie à quelques reprises. Ici, à Victoriaville,
il écrit sa liste de blagues. Moi, j'écris au père Noël pour lui demander des vacances.
Quand la tasse de café commence à mesurer un pied, c'est que la fin approche.

Ah… la Place des Arts… C'est glorieux, hein?

C'est sûr que ça implique une fille toute nue.

Philippe se remémore un souvenir… qui implique probablement une fille toute nue.

Est-ce qu'il vous reste des souliers?

Granby. Une table où on se laisse des messages entre humoristes. Je ne suis pas encore sur Facebook, mais je suis sur une table à Granby.

Ça vous est déjà arrivé de vous enfarger dans une plante à Trois-Rivières? Moi, oui.

C'est la vie que j'ai choisie.

Motel O'Charcoal. Puis-je me permettre un léger «On y dort au gaz»? Merci.

PASSAGE INTERDIT AUX CYCLISTES

Je n'ai jamais vu un cycliste recevoir une barrière sur la tête, mais ça doit être drôle en tabarna…

SAMEDI

**BARMAID UN JOUR
COUNTRY**

**LES JEUDIS
CAGNOTE**

CUISINE
CANADIENNE

RANT ⋆ ROND PO

Licencié
PIZZA MAISON
819-438-2800

RESTAURANT

Toutes les photos sont d'Alexis Chartrand. Un gars super normal.

BOXSCORE Concert Grosses

Copyright 2008, Nielsen Business Media,
Inc. All rights reserved. Boxscores should
be submitted to: Bob Allen, Nashville.
Phone: 615-321-9171. Fax 615-321-0878. For
research and pricing, call Bob Allen.
FOR MORE BOXSCORES GO TO:
BILLBOARD.BIZ

	GROSS/ TICKET PRICE(S)	ARTIST(S) Venue, Date	Attendance Capacity	Promoter
1		**CELINE DION** Sportpaleis, Antwerp, Belgium, May 13-14, 16	45,352 46,955 three shows	C-Live
2		**NEIL DIAMOND** Croke Park, Dublin, June 14	51,185 sellout	MCD Productions
3		**KENNY CHESNEY, KEITH URBAN, LEANN RIMES & OTHERS** Soldier Field, Chicago, June 21	46,463 48,585	The Messina Group/AEG Live
4		**ROCK ON THE RANGE: STONE TEMPLE PILOTS, KID ROCK & OTHERS** Crew Stadium, Columbus, Ohio, May 17-18	48,829 two sellouts	AEG Live, Right Arm Entertainment, in-house
5		**BRUCE SPRINGSTEEN & THE E STREET BAND** Sportpaleis, Antwerp, Belgium, June 23	17,632 17,666	Live Nation
6		**ELTON JOHN** Sullivan Arena, Anchorage, Alaska, May 28, 30	16,560 two sellouts	Goldenvoice/AEG Live
7		**TOM PETTY & THE HEARTBREAKERS, STEVE WINWOOD** Madison Square Garden, New York, June 17	15,563 sellout	Concerts West/AEG Live
8		**TOM PETTY & THE HEARTBREAKERS, STEVE WINWOOD** Nissan Pavilion at Stone Ridge, Bristow, Va., June 8	22,484 sellout	Live Nation
9		**NEIL DIAMOND** Sportpaleis, Antwerp, Belgium, May 29	12,451 12,532	Live Nation
10		**TOM PETTY & THE HEARTBREAKERS, STEVE WINWOOD** Prudential Center, Newark, N.J., June 18	14,837 sellout	Concerts West/AEG Live
11		**JIMMY BUFFETT & THE CORAL REEFER BAND** DTE Energy Music Center, Clarkston, Mich., June 10	15,478 sellout	Palace Sports & Entertainment
12		**ALEJANDRO FERNÁNDEZ** Estadio Pascual Guerrero, Cali, Colombia, May 5	21,738 30,000	CIE
13		**KANYE WEST, RIHANNA, N.E.R.D., LUPE FIASCO** Staples Center, Los Angeles, June 7	13,284 sellout	Goldenvoice/AEG Live
14		**RASCAL FLATTS, TAYLOR SWIFT, THRASHER/MOBLEY** Verizon Wireless Music Center, Noblesville, Ind., June 14	24,765 sellout	Live Nation
15		**KYLIE MINOGUE** Sportpaleis, Antwerp, Belgium, May 7	15,613 15,719	Live Nation
16		**WISIN & YANDEL** Madison Square Garden, New York, June 7	11,952 13,046	Live Nation, Latin Entertainment
17		**RASCAL FLATTS, TAYLOR SWIFT, THRASHER/MOBLEY** Verizon Wireless Amphitheater, Maryland Heights, Mo., June 13	20,730 sellout	Live Nation
18		**RAGE AGAINST THE MACHINE** Sportpaleis, Antwerp, Belgium, June 2	15,459 15,719	Live Nation
19		**RASCAL FLATTS, TAYLOR SWIFT, THRASHER/MOBLEY** Superpages.com Center, Dallas, June 21	20,119 sellout	Live Nation
20		**TOM PETTY & THE HEARTBREAKERS, STEVE WINWOOD** New England Dodge Music Center, Hartford, Conn., June 11	18,800 24,026	Live Nation
21		**PEARL JAM, KINGS OF LEON** Cruzan Amphitheatre, West Palm Beach, Fla., June 11	18,776 sellout	Live Nation
22		**LOUIS-JOSÉ HOUDE** Bell Centre, Montreal, June 13-15	16,674 three sellouts	Gillett Entertainment Group
23		**ALICIA KEYS, JORDIN SPARKS, NE-YO** Verizon Center, Washington, D.C., June 13	9,644 13,155	AEG Live, Atlanta Worldwide Touring
24		**ALICIA KEYS, JORDIN SPARKS, NE-YO** Honda Center, Anaheim, Calif., May 4	10,414 sellout	Goldenvoice/AEG Live
25		**DAVE MATTHEWS BAND, ALEJANDRO ESCOVEDO** DTE Energy Music Center, Clarkston, Mich., June 9	15,628 sellout	Live Nation, Palace Sports & Entertainment
26		**ROBERT PLANT, ALISON KRAUSS, T BONE BURNETT, SHARON LITTLE** WaMu Theater at Madison Square Garden, New York, June 10-11	10,786 10,828 two shows one sellout	Live Nation
27		**ELTON JOHN** Carlson Center, Fairbanks, Alaska, May 29	6,585	Goldenvoice/AEG Live
28		**DAVE MATTHEWS BAND, ALEJANDRO ESCOVEDO** Toyota Pavilion at Montage Mountain, Scranton, Pa., June 10	14,218 17,229	Live Nation
29		**KENNY CHESNEY, LEANN RIMES** i wireless Center, Moline, Ill., June 19	10,519 sellout	Mischell Productions, The Messina Group/AEG Live
30		**ALEJANDRO FERNÁNDEZ** Coliseo Francisco el Hombre, Valledupar, Colombia, May 3	15,894 20,000	CIE
31		**PEARL JAM, KINGS OF LEON** St. Pete Times Forum, Tampa, Fla., June 12	10,618 10,831	Live Nation, in-house
32		**IRON MAIDEN, LAUREN HARRIS** Allstate Arena, Rosemont, Ill., June 11	12,254 13,041	Live Nation
33		**ROBERTO CARLOS** American Airlines Arena, Miami, May 31	7,163 sellout	Evenpro/Water Brother
34		**JERRY SEINFELD** Fox Theatre, Detroit, May 16	9,306 9,610 two shows one sellout	JS Touring
35		**KANYE WEST, RIHANNA, N.E.R.D., LUPE FIASCO** Target Center, Minneapolis, June 11	8,822 9,549	Live Nation, in-house

Le palmarès des recettes des salles de spectacles dans le magazine *Billboard*, semaine du 5 juillet 2008. Il paraît qu'Alicia Keys n'était vraiment pas contente...

Mesdames et messieurs, Philippe Bond.

Wachiya? Ça veut dire qu'on est vraiment loin.

**Caisse populaire Desjardins
de la Forêt enchantée**

CINEMA

THE LOST FINGERS 8 MAI
LOUIS JOSE HOUDE 9 MAI

Duhamel-Ouest

Image
W
Sirard

St-Gabriel S.

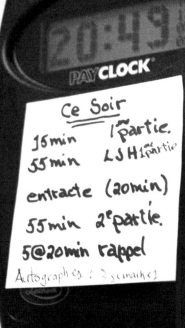

Ce Soir
15 min   1ère partie.
55 min   LJH 1ère partie
entracte (20min)
55 min   2e partie.
5@20min rappel
Autographes : 2 semaines

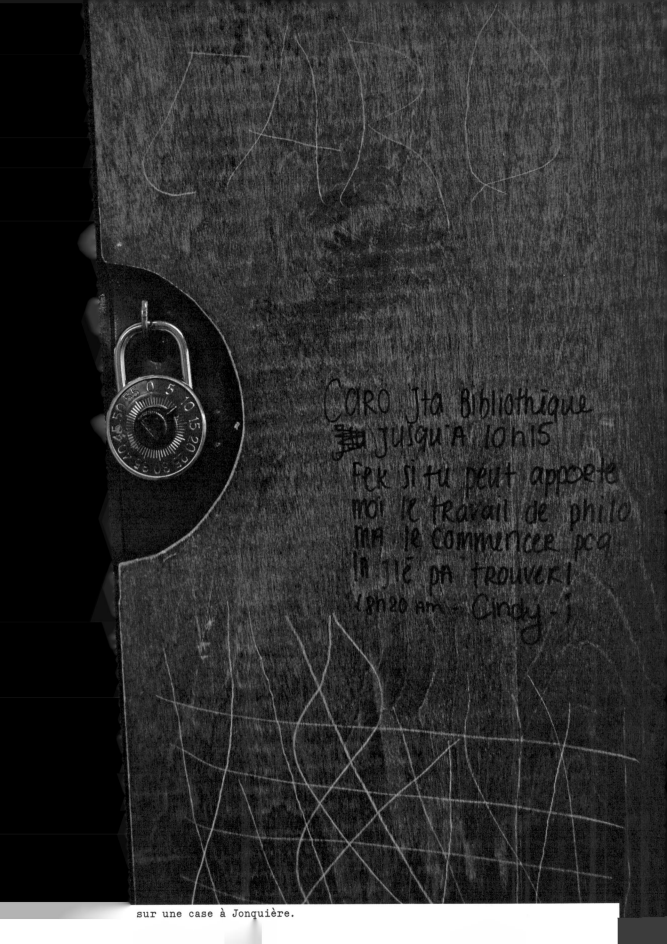

sur une case à Jonquière.

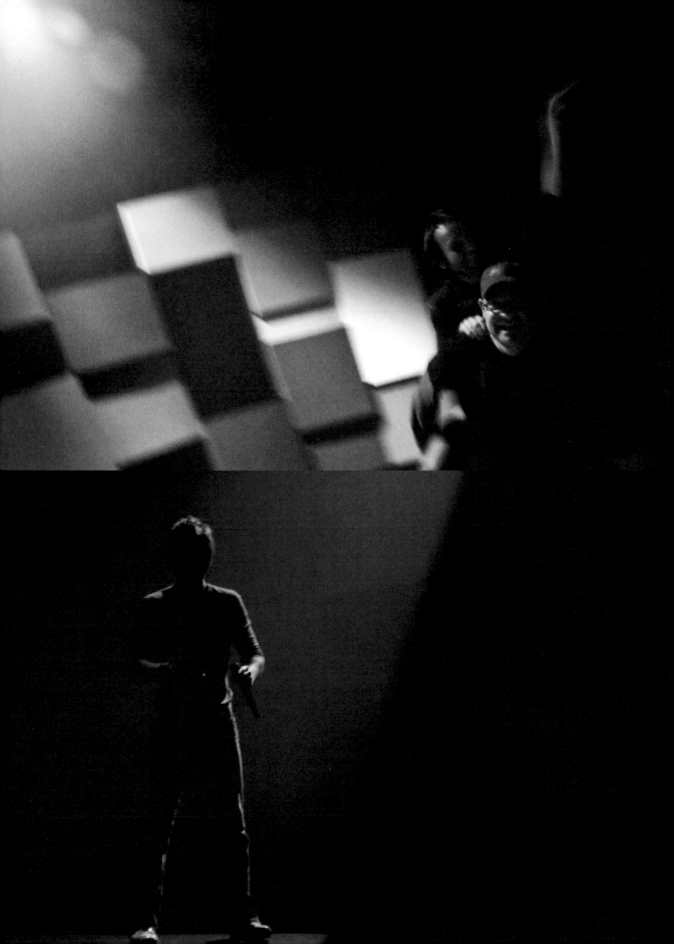

Québec. Le temps de tester quelques gags dans l'interphone du Bureau en Gros.

La face du bonhomme donne vraiment le goût d'aller voir les danseuses.

Un album de mes gags illustrés. Dans mon prochain spectacle, je vais tellement parler de filles en monokini…

Ottawa, 24 novembre 2009. Un beau moment sur le point d'être ruiné.

Quelqu'un quelque part a perdu de l'argent avec ça.

Des *paper* pantoufles lancées sur scène. J'ai dû en recevoir 722 paires pendant la tournée. Dans mon prochain spectacle, je vais tellement parler de vins dispendieux...

Une faute sur le billet. Un classique.

Les gens me demandent souvent ce qu'on fait pendant l'entracte. Ça ressemble pas mal à ça…

… Et à ça.

... Aussi à ça.

... Trop souvent à ça.

… Et surtout à ça.

... Et même à ça.

3 LES CITATIO

La tournée implique beaucoup de rencontres. Je vous présente ici quelques moments marquants. Tout ce qui suit est authentique. Les dates, les lieux, les gens sont réels.

6 juin 2007. Montréal. Ascenseur. Madame :

— Ah, vous êtes
l'idole
de ma fille.
Si elle pouvait
juste
arrêter de parler
comme vous !

7 juin 2007. Lotbinière. Restaurant. Serveuse :
— Ah... tu me gènes assez,
peux-tu aller manger dans ton char ?

Même serveuse :
— Cherche pas mon numéro de téléphone,
il n'est pas sur la facture !

9 juin 2007. Québec. Bar. Gros gars :

— HÉ, LOUIS !
SAIS-TU CE QU'ON DIT À UNE GROSSE
QUAND ON N'A PAS DE CONDOM ?
— Non.
— GARDE TES LEGGINGS !

10 juin 2007. Île-d'Orléans. Bed and breakfast. Madame :
— *Voici votre chambre.*
— Vous pouvez me tutoyer.
— *Non, votre chambre à toi et ton équipe.*
Bonne nuit !

20 juin 2007. Berthierville. Restaurant fast food. Caissière :

— ÇA FAIT 11,35 $. AH, PIS FAIS PAS DE JOKES SUR CE QUE J'AI DANS LA FACE, C'EST DE L'HERBÉ À POUX. MERCI, BON APPÉTIT.

22 juin 2007. Port-Cartier. Bar. Gars qui a une coupe Longueuil :

— Hé, Louis !
Qu'est-ce qui se passe avec tes cheveux ?
C'est quoi, cette coupe-là ?

— Louis-José,
je ne comprends pas.
Tu es un artiste
qui a de la classe,
pourquoi tu parles
d'avortement ?

24 juin 2007. Québec. Bar. Fille :

— Excuse-moi,
c'est vraiment inapproprié
de la part d'une orthophoniste,
mais tu as vraiment
un cul de course.

Même date, même lieu.
Deux gars d'environ dix-sept ans :
**— HÉ, LOUIS,
VEUX-TU JOUER UNE *GAME* DE POG ?**
— Une *game* de quoi ?
— UNE *GAME* DE POG.
— C'est quoi, le pog ?
**— IL SAIT PAS C'EST QUOI LE POG,
IL EST *OUT*, ON S'EN VA !**

— Hé, vas-tu des fois à la plage des Saules, à Warwick ?

— La quoi ?

— La plage des Saules, à Warwick. Il y a une rumeur qui dit que tu vas souvent à la plage des Saules, à Warwick.

— Je ne suis jamais allé là de ma vie.

— Ah ben... *Shooter !*

Même date, même lieu. Gars :

— Salut, Louis-José. La brunette avec qui tu parlais tantôt, c'est ma blonde.

— OK.

— Elle est sûre qu'elle peut partir avec toi. Si elle te *cruise*, embarque dans le jeu…

— Ben là…

— Je veux voir comment elle va réagir. Je lui fais pas vraiment confiance… Dis-lui qu'elle t'intéresse, je veux voir jusqu'où elle va aller…

— Ah ben… *Shooter!*

19 juillet 2007. Hull. Terrasse. Gars :

— Salut, Louis-José. Moi, je te trouve drôle, mais je regarde tout le monde qui vient te parler, pis il me semble que ça doit être fatigant. T'es pas tanné de te faire déranger ?

— Non, ça va.

— Parce que moi, la semaine passée, j'étais dans un restaurant, pis tu étais là. Mes chums ont dit : « Hé ! On va lui dire allo ! » Moi, j'ai dit : « Ben non, on va le déranger. Il veut pas se faire déranger, moi, je veux pas le déranger, non, non, il mange tranquille, on va pas le déranger, c'est plate de se faire déranger... » Non, mais tu as le droit de prendre une bière comme ce soir avec tes amis sans te faire déranger ! Moi, je comprends pas ça, le monde qui va jaser avec les artistes...

(Neuf cent vingt-deux minutes plus tard...)

— ... En tout cas, c'est pas moi qui vas déranger un artiste, non, monsieur... Bonne soirée !

2 août 2007. Gatineau. Bar. Gars un peu chaud :

— *Hé, Louis ! T'es notre idole préférée !*

— C'est un honneur.

3 août 2007. Hull. Plage du lac Leamy. Gars costaud :

— HÉ! TU ES LOUIS-JOSÉ? JE VOULAIS DES BILLETS POUR TON SHOW, MAIS IL N'EN RESTE PLUS POUR CE SOIR NI DEMAIN. LAISSE-MOI TON CELLULAIRE, JE VAIS T'APPELER POUR TE DIRE QUAND JE VEUX Y ALLER.

10 août 2007. Hull. Bar. Fille :

— EST-CE QUE C'EST TA COPINE À CÔTÉ DE TOI ?

— Non.

— OK, PEUX-TU SIGNER MA FESSE ?

— Bon… d'accord…

— FAIS PAS DE FAUTES, TU TE RELIRAS.

— OK, mais je me relis toujours en braille…

**— Excuse-moi, Louis-José,
c'est un peu bizarre, mais...**

— Quoi ?

**— C'est que... j'aime ton humour,
mais en même temps... tu as déjà
couché avec ma sœur.**

— Hein ?! Oh ! Ben, excuse-moi, euh...

**— Non, non, ça va, pas de problème.
Ça fait juste drôle.**

— En effet... Donc t'es le frère de...

— De Shirley*.

— Hein ? Excuse-moi, je ne veux pas te contredire,
mais je n'ai jamais rencontré une seule Shirley
de ma vie, sérieusement. Tu te trompes d'humoriste
ou elle t'a un peu niaisé.

— Non, non, t'as couché avec elle.

— Ben là... Je l'aurais rencontrée où ?

— Au bar le *Flashing Shadow**.

— Je consulte les juges et on me confirme que
je n'ai jamais mis les pieds là de ma vie. Impossible.
Excuse-moi de te demander ça, mais ça se serait
passé où ?

**— Chez elle, à Montréal, coin Papineau*
et Beaubien*. Et c'est arrivé plusieurs fois.**

— Écoute, arrête tout de suite. Je ne suis jamais
entré dans un appartement coin Papineau et Beaubien
de ma vie. Elle t'a dit que c'était arrivé quand ?

— Il y a deux ans.

— OK, il faut vraiment que tu cesses. C'est impossible.
Elle a quel âge ?

— Vingt ans.

— OK, fin des émissions. In*fuckin*possible.
C'est n'importe quoi.
Le nom, ça ne marche pas.
Le bar, ça ne marche pas.
Son appartement, ça ne marche pas.
Il y a deux ans, ça ne marche pas.
Son âge, ça ne marche pas.

— Ah ben. *Shooter !*

— Salut, Louis !
Moi, c'est Gaétan, pis je trippe su'l'ski-doo !

2 février 2008. Québec. Bar. Moi :
— Hé, c'est la fête de mon ami !
C'est combien, une bouteille de Dom Pérignon ?

— 380 $.

— Je vais prendre deux Coors Light !

22 février 2008. Chicoutimi. Bar. Gars :
— Hé, les gars, savez-vous ce que ça dit
un rappeur qui entre dans une fromagerie ?
— …
— Yo ! yo ! Faites du brie !
Bonne soirée !

— Hé, Louis-José !

— Salut. Je vais prendre une bouteille de Dom Pér, euh…
je vais prendre deux Coors Light.

— OK.
On a une amie
en commun.
Tu connais bien
Églantine*.

— Oui.

— Moi aussi…
J'la connais très bien…
On est frères de…
t'sais ?

— Bon, laisse faire la boisson, j'ai déjà mal au cœur…

Même soir, même lieu. Fille :
— Merci. Lequel ?
— *Celui que j'ai vu.*

* Prénom fictif

16 avril 2008. Amos. Pompier en service :

– HÉ, LOUIS!
JE VEUX UN BEC!

21 avril 2008. Chibougamau.
Après le spectacle, fin de la séance d'autographes. Gars :

— Est-ce que ça te dérangerait de signer ma jambe?

— Non, pas de problème!

— Attends, je vais l'enlever...

13 mai 2008. Sherbrooke. Bar. Fille :
**— Toi, je connais
pas ton nom,
mais tu as la coupe
de Jim Corcoran.**

4 LE SH
CACHE

Le show caché est un ovni, du jamais fait avant et du jamais refait depuis.
Il s'agit d'un spectacle inédit présenté officiellement trois soirs seulement et exclusivement
aux abonnés de mon site Internet, pour souligner mes trente ans, en octobre 2007.

En voici les farces.

Bonsoir!
Bonsoir, merci beaucoup.
Merci beaucoup d'être là ce soir.
Personne ne sait vraiment qu'on est là, OK.
Ce n'était pas annoncé,
mon nom n'est même pas dehors…
il va y avoir du grabuge.

Évolution

Je vous dis merci d'être là, et ça vient vraiment du cœur parce que, la vie, ce n'est pas facile. J'ai trente ans. Ça fait trente ans que je suis là, ce n'est pas facile. Juste venir au monde... Déjà, quand tu viens au monde, c'est difficile. Naître, c'est compliqué parce qu'il faut que tu tombes sur une bonne date. Il y a des dates le fun pour naître, il y a des dates poches. Tu as toujours un ami qui est né le jour de Noël et qui se plaint toutes les années. Il dit : « J'ai pas de cadeaux à ma fête... Les gens, ils achètent un cadeau pour les deux fêtes... Et j'ai pas de *party* de fête parce que les gens, ils sont avec leur famille... C'est Noël, ils sont dans leurs vacances de famille. Moi, j'ai pas de fête, pas de *party*. Et là, Jésus prend toute la place, la fin de semaine. Et moi, personne m'aime, je passe dans le vide, personne sait que c'est ma fête. » Ta gueule ! Ta gueule !

Tu n'as pas d'attention parce que tu es né à Noël ? Ce n'est pas grave, ça. Moi, j'ai un oncle à Victoriaville qui est mort le 11 septembre 2001. Je peux te dire qu'il est passé dans le beurre en simonak ! Trois mille personnes, Fernand Houde... ouh ! Pas grave, on ne l'aimait pas ben, ben. Quand il est mort, on a fait une minute de bruit.

Et déjà, quand tu viens au monde, tout le monde te juge d'après ton poids. Tout le monde parle tout de suite de ton poids, de combien tu pèses. Tout le monde parle de ça. Moi, mes amis commencent à avoir des enfants. Tu les appelles :
— Pis ?
— Sept livres et deux onces !
Ou :
— Six livres et quatre onces !
Neuf livres, un gros tas de bébé. Cinq livres, six livres, moi, je me dis : « Heille... je m'en câlisse ! Comment va la mère ? Est-ce qu'il ressemble au père ? C'est quoi, l'histoire ? » « Sept livres et deux onces », c'est la première affaire que tout le monde sort. « Sept livres et quatre onces ! » Moi, je n'ai pas d'enfant, je ne sais pas combien c'est censé peser, cette affaire-là, comprends-tu ? Je fais juste me dire : « Ouais... référence ? Je m'en sacre, ouais ! Ça représente quoi en steak haché ? Combien je peux faire de hamburgers avec Jérémy ? » C'est ça que je veux savoir !

Et après ça, ça va vite. La vie, ça va trop vite. De un an à dix ans, la seule affaire dont je me souviens, c'est que je ne voulais pas me laver. Qu'est-ce qu'on a à ne pas vouloir se laver de même, quand on est petit ? Moi, à huit ans, j'étais sale. Sale, comme quand tu te passes la soie dentaire et que ça change ton look ! Tu arrives à onze ans : déjà onze ans, fin de l'enfance. Onze ans, dernière année où tu entres dans la sécheuse. Dernière année où tu peux traîner ton change dans le petit container en plastique dans ton cou. Des fois, tu as une clé autour du cou et elle cogne contre le container, KACLING ! Tu es comme un petit maracas mobile : CACLACACLACACLAC !

Onze ans. Moi, à cet âge-là, à l'école primaire, dans la photo de groupe, j'étais toujours le petit câlique en avant qui tenait la pancarte «Groupe 102, Gisèle». Et c'est l'âge où les personnalités commencent à se développer un peu. Tu vois tes amis, quel genre de personnes ils vont être. Par exemple, tu as onze, douze ans, mettons que tu te baignes dans la piscine, il y a sept, huit amis et tout le monde saute dans la piscine en même temps. Il y en a toujours un qui saute, mais qui doit se pincer le nez… Ça, c'est le même chez qui tu vas dormir et qui dort avec un humidificateur. Et quand il vient coucher chez vous, il l'apporte! «Je m'humidifie!»

Douze, treize, quatorze, quinze ans, à quel âge on arrête d'acheter des Duo-Tangs? Vous connaissez les Duo-Tangs? Les cahiers en carton avec les trois pines en métal qui écartissent… «Écartissent», ça ne se dit pas, «écartissent». J'ai dit «écartissent»? On dirait un jeune fruit de mer : «M'as prendre un écartisse à l'ail…» Je ne suis pas capable d'imaginer le Duo-Tang dans un contexte adulte sérieux. Le premier ministre qui dit : «On a établi les budgets pour cette année. Juste me passer le Duo-Tang, s'il vous plaît… et mon coffre à crayons. Avec "I love Isabelle" écrit dessus.»

Quatorze, quinze, seize. Moi, j'ai eu dix-huit ans en 1995, dix jours avant le référendum. Je m'en vais voter, j'étais de même dans la file : «Un payyyyys!» Je suis le seul gars qui est allé voter avec une crécelle : *Come on!*

Le lapin

Dix-neuf ans, c'était ma pire année. À dix-neuf ans, j'avais arrêté le cégep, je m'étais retrouvé chez mes parents et je faisais plein de petites jobines. C'est à dix-neuf ans que j'ai vécu la pire journée, la pire jobine – ce n'était même pas une jobine, c'était une jobinette! La pire job que j'ai eue dans ma vie : j'ai été lapin de Pâques dans un Jean Coutu... Je vous le raconte, ça se peut que je pleure...

Il y a une annonce dans le journal, c'est écrit : «Fin de semaine de Pâques, animation, 15 $/heure.» J'appelle. Le gars dit :

— C'est ben simple, tu te déguises en lapin de Pâques
et tu distribues des chocolats dans le Jean Coutu.

Moi, je réponds :

— C'est facile !

Ça ressemble à une initiation au cégep, mais personne ne tombe enceinte. En plus, je me dis que ça ne sera pas gênant parce que personne ne va me voir, je serai une mascotte, je vais avoir un casque, un *full face*, une histoire, Badaboum, Youppi, une affaire.

J'arrive au Jean Coutu, il y a le costume de lapin, et juste à côté, il y a une boîte de crayons de maquillage... C'était une capine! Ce n'était pas un *full face*, c'était une capine qui faisait le tour de ma face! J'avais la face à aire ouverte! C'était une capine, *it was a capine*! Il fallait que je me fasse un maquillage de lapin! Il fallait que je me maquille en lapin, il aurait pu le dire, le gars : «Besoin d'un lapin. Prérequis : être turbo-gai.» Et le *suit*, c'était un vieux *suit* de lapin rose. Il était tout vieux, avec un cul en cerceau, une espèce de cerceau et un cul. Il était tout flasque, j'avais l'air d'un glissement de terrain. Avec un petit pompon blanc qui *shakait* en arrière quand je marchais. Il était rose, pas fluorescent : *flosphlorescent*! Et il sentait l'après-match, mais l'après-match Canada-Russie, la huitième *game* en 1972.

Et là, il faut que je me promène dans les allées et que je distribue des chocolats au monde avec un petit panier, comme ça : «Voulez-vous un chocolat?» À un moment donné, j'ai pilé sur quelque chose. Oups, c'était mon orgueil... Je me promène dans les shampoings : «Voulez-vous un chocolat?» Je pleurais à chaque chocolat : «Voulez-vous un chocolaaaat...»

Et là, j'entends LA chose que je ne voulais pas entendre :

— Louis-José?

Aah! C'était un de mes profs du secondaire! Il me regarde dans les yeux et me demande :

— Comment ça va? T'ennuies-tu du collège?

Je réponds :

— Regarde où je suis rendu! Je vais poursuivre
l'orienteur! Veux-tu un chocolat?

Arrive l'heure du dîner. Je mange dans la salle des employés... avec les employés. Je suis assis à une grande table style cafétéria. Tout le monde est là, je suis assis là, avec mon cul… Et quand je suis assis, il remonte, alors je suis comme accoté sur mon cul. Je n'ai même pas enlevé la capine. Devant moi, sur la table, il y a un pichet d'eau. Et il y a un gars à l'autre bout de la table qui veut l'eau, mais il ne connaît pas mon nom. Alors il m'appelle : «Lapin ? Lapin ? Lapin, *man*. Heille, *man*. Heille, lapin, *man*. Lapin, *man*. Heille, lapin, *man*.» Combien de mauvais choix tu peux avoir faits dans ta vie, à quel point tu peux avoir mal géré ton agenda pour finir en te faisant dire : «Heille, lapin, *man*.»

Et il me *pitche* une carotte! Ça m'a *fucké* à vie, ça! Ça fait dix ans, et je ne suis pas encore à l'aise…

Après le dîner, je reprends mon chemin. Je suis un guerrier. J'y retourne, je marche dans les allées : «Voulez-vous un chocolat ?» Je n'étais même pas bon : déjà que, faire un lapin, c'est ridicule, mais faire un lapin poche, c'est quasiment provoquer le monde. J'ai vu un gars se payer trois boîtes de Préparation H, me regarder et faire : «Pffff! Il est ridicule!»

Le pire, c'était dans les cosmétiques, parce que dans les cosmétiques, il y a beaucoup de miroirs. Je me voyais partout : «Ah! non», «Ah! c'est pas vrai», «Ah! ça se fait pas, ça se fait pas!» Je ne voulais pas me voir, comprenez-vous, je ne voulais pas m'en souvenir. Les paroles s'envolent, les écrits restent, les images fessent! Et là, dans les cosmétiques, je vois LA chose que je ne voulais pas voir : Catherine. Super belle fille sur qui j'avais un gros *kick* au cégep. Là, j'ai échappé quelque chose : c'était mon destin… Moi, je me dis : «Je veux pas qu'elle me voie. Super belle fille, je veux pas qu'elle me voie, je vais essayer de passer inaperçu.» J'ai trente livres de carpette rose pétant sur le corps! Des oreilles qui pognent 300 postes! Je vais passer inaperçu comme le pape aux glissades d'eau!

Elle me voit tout de suite, elle m'envoie la main; je lui envoie la patte… Et elle me dit :
— Qu'est-ce que tu fais, je te vois plus au cégep?
Et moi, je réponds :
— Ben non, j'ai lâché l'école. J'AVAIS D'AUTRES PROJETS… Veux-tu un chocolat?

À la fin de la journée, j'étais chez moi et j'ai frôlé quelque chose : un suicide… Non, je me disais : «Je vais pas m'enlever la vie, mais au moins, je vais pas me reproduire. Tant que l'hérédité va être fonctionnelle, je veux pas livrer ça à quelqu'un. Je veux pas léguer ça…» Ça a été la pire journée de ma vie. Alors, quand je vous dis : «Merci beaucoup d'être venus à mon show ce soir», ça vient vraiment du fond du cœur!

Le jaune

Je suis venu en auto, et j'ai croisé quelqu'un qui faisait du pouce. Je ne l'ai pas embarqué parce que j'avais peur. Avez-vous remarqué qu'on a peur d'embarquer des pouceux parce qu'on a peur d'embarquer des maniaques? Ou on a peur de FAIRE du pouce parce qu'on a peur de se faire embarquer PAR des maniaques? On est tous maniaques, ça s'annule!

La pire affaire que j'ai vue sur la route, c'est arrivé il n'y a pas longtemps: j'étais sur la 132, et en avant de moi, il y avait une Toyota Prius. Vous connaissez? L'auto hybride, thermopompe, bio... *power*... bon, l'auto hybride. Je roulais, et je me disais: «Ah! *man*, je devrais être en Prius, moi aussi. Je devrais faire ça. C'est bon pour l'environnement.» J'étais fier du gars. Le gars était dans sa Prius, et je vous jure, il s'est mouché et a jeté son kleenex... par la fenêtre! Ça s'annule!

Moi, j'ai un 4 x 4, mais la morve, elle reste en dedans! *Keep the morve in the car!* Oui, j'ai un 4 x 4, mais au moins, je n'ai pas un Hummer. Ça, c'est fini, tu ne peux plus avoir un Hummer. C'est fini, les Hummers. C'était drôle deux ans, mais tu ne peux plus avoir ça, un Hummer, voyons donc!

Saviez-vous que la couleur la plus vendue pour un Hummer, c'est le jaune? Un Hummer jaune! Jusqu'à quel point tu peux avoir manqué d'attention dans la vie pour t'annoncer à ce point-là?

En fait, j'haïs le jaune. Je n'aime pas ça, le jaune. J'haïs le jaune. Christie de couleur de pédalo. Couleur de vieux ski-doo. C'est souvent négatif, le jaune: juste sur le corps, tu n'aimes pas avoir du jaune. Tu n'aimes pas avoir les doigts jaunes à cause de la cigarette, les dents jaunes, les oreilles jaunes.

Personne ne dit: «Heille, *yes sir*! Je suis un poussin!» Là, il y en a qui vont dire: «Justement, un poussin... Un poussin, c'est jaune et c'est *cute*.» Non, ça ne compte pas, un poussin. Une omelette qui a eu de la *luck*...

Je ne comprends pas l'évolution du poussin et de la poule. Tu as le poussin qui est petit et qui est jaune, et tu as la poule qui est blanche et qui est bacaisse un peu. Mais, est-ce que c'est moi ou il n'y a pas d'entre-deux? Est-ce qu'ils ont une espèce de puberté et un soir: POW! Une *power* puberté, *one night* et PAKLOW! c'est réglé? Tu ne vois jamais le cheminement. Tu ne verras jamais l'espèce de poussin prépubère, les pattes un peu trop longues, trois, quatre plumes blanches: «Cui-cui ou poc-poc, je sais pas! Je sais pas encore. Cui-cui? Poc-poc? Suis-je une poule ou un poussin? Je l'ignore.» Ou un coq avec un petit début de crête, une petite crêtette fiferonne: «Presque cocorico!»

Le jaune. Christie de couleur de Ronald McDonald. Saviez-vous qu'au Québec, il y a plus de McDos que de CLSC? Est-ce qu'on s'entend que ça devrait au moins être égal? Et surtout, voisin?

Même les Beatles ont réussi à être poches à cause du jaune. Heille, *Yellow Submarine*, s'il vous plaît... C'est leur pire toune, je pense. «*We all live in a yellow submarine*», mais quelle sorte d'histoire... Elle était tellement poche qu'ils ont laissé Ringo la chanter. Je ne comprends pas les chansons des Beatles chantées par Ringo. Qui décidait? Tu as John Lennon ET Paul McCartney... dans le même *band*! Ils sont là, et disent : «Non, non, restez assis : on va y aller avec Ringo.» C'est comme le coach au hockey qui dirait : «OK, tirs de barrage. On a Gretzky, Lemieux, Yzerman. Non, non, on va y aller avec Mike McPhee. Où est Mike McPhee?»

Quelque chose en musique qui est jaune, mais qui a bien vieilli et qui est très bon, c'est l'album *Jaune*, de Jean-Pierre Ferland. C'est un classique de 1970, achetez ça, très bon. C'est jaune, ça s'appelle *Jaune*. C'est bon et ça dure environ trente-quatre minutes, fini. Ça ne niaise pas. J'haïs ça, maintenant, tu achètes un CD et il a à peu près 19 tounes. Heille! J'ai une vie, moi, des loisirs... Et des fois, tu as la toune cachée : ah! sapristi! Tu te sens tellement cave la première fois que tu écoutes une toune cachée. Tu écoutes le CD, le CD est fini, et là, il y a un silence, et le chronomètre continue, les chiffres sur le cadran continuent et tu te dis : «Que se passe-t-il? Que fais-je? Qu'est-ce que c'est?» Et tu piétines, exactement comme quand tu *flushes* la toilette et que l'eau monte.

La musique

Tout le monde connaît les compilations *Big Shiny Tunes*? Ils sont rendus à 11! C'est *Big Shiny Tunes 11*! Christie que j'ai trente ans : j'ai le 1 chez moi! J'ai le 1 en cassette! Je l'écoutais dans mon walkman Sony jaune… Qui avait le walkman Sony jaune? Ah! Avec les gros pitons : c'était comme un Transformer quand on l'ouvrait! Il était sport, c'était écrit «Sport»… Il était gros comme un grille-pain : «Non, non, je *jogge* avec…» Et il allait dans l'eau, il y avait un modèle qui allait dans l'eau! Il me semble que l'eau, c'est déjà assez divertissant! Qui dit : «Non, j'ai pas assez de plaisir, qu'on m'amène une trame sonore!»

J'aime beaucoup, beaucoup la musique. J'aime aller voir des shows. Je suis allé voir les Rolling Stones une couple de fois, je suis un gros fan des Stones. Ce n'est pas de ma génération, mais c'est de la musique que j'aime beaucoup. Les Stones, ça saigne, c'est brut, c'est sale, c'est gras, c'est huileux, AARGH! Si tu prends un vieux vinyle des Stones et que tu le lèches, ça goûte le sexe! Le billet pour le spectacle coûte 350 piasses. Si tu prends le billet et que tu le lèches, ça goûte le sexe : tu viens de te faire fourrer!

Donc, je vais voir ça avec un de mes amis qui s'appelle Christian, qui est un ami d'enfance. Et Christian, je tiens à lui beaucoup. Et depuis que je suis parrain de son fils, je tiens à lui encore plus. Parce que s'il lui arrive quelque chose, le bébé est dans le trouble en tabarnane… Je suis parrain d'un enfant, c'est drôle, hein? Je ne suis jamais là, je suis tout le temps en tournée, je ne peux jamais le voir, je suis tout le temps parti. Moi, je ne suis pas fort sur le téléphone. Si j'avais un frère jumeau, je serais du genre à oublier sa fête…

Bref, on s'en va au show, et on arrive dans un endroit qui m'a toujours fasciné : le kiosque à chandails. Quand tu vas voir un spectacle au Centre Bell, il y a toujours un kiosque de t-shirts, et d'affiches, et tout ça… D'abord, il n'y a jamais de file, il n'y a pas de file : c'est un tas, un tas d'attente, un *waiting paquet*. Tu attends, et il ne reste jamais de *small* ni de *medium*. Surtout pour les gars, je pense, il ne reste jamais de *small* ni de *medium*. Il y a toujours des christie d'*extra large*. Qu'est-ce qui arrive avec les *small*? Et là, ne me dites pas : «Ah! Je sais pas.» Non, j'ai raison. J'ai raison. C'est ma *joke*, c'est ma fête. J'ai raison.

Pas besoin de réfléchir, je suis allé vérifier, c'est vrai : il n'y a jamais de *small*. Qu'est-ce qu'ils font avec les *small*? Moi, je dis qu'une heure avant le show, il y a un autobus plein de Ewoks de *Star Wars* qui débarquent au Centre Bell et qui font : «Donnez-nous les *shmaaall*!» Et il y en a un plus *baquet* qui ajoute : «Et les *midiuuum*!»

Donc tu te retrouves avec un t-shirt *extra large* de la grosseur d'une nappe… de souper de Noël… d'une famille reconstituée… qui a aussi invité l'ami de la famille… En passant, l'«ami de la famille», *what the fuck*? J'ai toujours haï ce terme-là, «ami de la famille». J'espère que je ne suis l'ami d'aucune famille.

Je ne veux pas être un «ami de la famille». L'ami de la famille, c'est toujours un Bernard qui a chandail brun et une barbe : «Ouaaaiiis, je suis Bernard, ouaaaiiis…» Il écrit un peu de poésie, mais il n'a pas vraiment percé en poésie. Il arrive au chalet, mais par le bois, en raquettes : «Ouaaaiiis…» Il se fait un feu dehors avec de la roche : «Je suis Bernard, aaah!»

L'ami de la famille. L'ami de la famille, ça fait tellement «personne trippe vraiment dessus, mais si on se met en gang, on peut peut-être générer assez d'amour pour l'inviter à souper».

Donc tu te retrouves avec un t-shirt de la grosseur d'une nappe, de souper de Noël, d'une famille reconstituée qui a aussi invité l'ami de la famille, et combien coûte le gaminet? Cinquante piasses! Et combien de fois tu vas le porter, le coton à manches interrompues? Moins souvent que ta robe de baptême…

On se trouve une table où il y a des files d'attente. Il y a des files, câline, on choisit une file. Qu'est-ce qui arrive quand tu choisis une file? Toutes les autres files avancent, sauf la tienne. Là, qu'est-ce que tu fais? Tu changes de file. Et qu'est-ce qui arrive quand tu changes de file? Toutes les autres se mettent à performer… surtout ton ancienne file! Elle, elle dit : «OK, Louis n'est plus là, allons-y!» Le monde a le vent dans les cheveux : «Ouaaaah!» Là, tu te sens tellement cave, tu fais : «NOOOOON!» Et puis, tu repères le gars qui était en avant de toi à l'époque de l'ancienne file, et tu te mets à calculer : «Ah non! Je serais rendu là! Je serais là si j'avais pas quitté le projet!»

Tu sens tellement que tu as manqué le bateau, dans ce temps-là. Tu étais dans le projet, tu as débarqué, ça s'est mis à performer, à avancer, c'est la folie furieuse. Tu te sens comme un gars qui aurait dit à Bill Gates il y a vingt-cinq ans : «Non, je rachète mes parts. Ton petit projet de pitons, j'y crois pas… Bonne chance, les barniques!»

On arrive à la table, j'avais les ongles trois pieds de long… J'étais rendu plus mature qu'au début de la file. Mes valeurs dans la vie avaient eu le temps de changer. L'ami avec qui j'étais? Même plus mon ami. C'était devenu un ami de la famille!

J'avais repéré un chandail au début de la file qui était 35 piasses. Il était rendu 50, avec l'inflation… Et là, je vois une petite bavette. Ils vendent une petite bavette pour bébé, une bavette des Rolling Stones. Une petite bavette toute petite, avec la langue, la grosse langue qui sort sur la bavette! Moi, je prends ça. Je n'ai même pas de blonde, je n'ai pas d'enfant. Des fois, je suis juste *power* prévoyant. Et je me dis que mon filleul qui a deux ans, si jamais j'ai à m'en occuper, une bavette, ça ira bien pour l'étrangler… euh, pour la propreté!

Donc, je prends la bavette, je l'achète et je me la mets autour du cou. Parce qu'on veut acheter d'autres t-shirts, on n'a pas fini, je prends la petite bavette, je m'installe ça dans le cou, je l'attache. Je suis pogné de même : «AARGHLL!» Je la teste en crachant un peu, «ptt, ptt, ptt». Elle marche. On rigole, on plaisante. C'est la folie! On prend notre temps. Justement, c'est NOTRE temps : ça le dit, on le prend.

Là, en arrière de nous, il y a un monsieur d'une cinquantaine d'années, un bonhomme, il est impatient un peu. C'est un Américain ou je ne sais pas quelle autre maladie… Il est agressif. Non, ça n'allait pas bien, il était impatient. Mais comme quelqu'un qui veut te faire sentir qu'il est impatient et qui se met à faire comme une thermopompe : «Mmmm! Mmmmm! MMMMMM!» Il était impatient, mais agressif, impatient amer, impatient comme quelqu'un qui vient d'apprendre qu'il lui reste vingt-quatre heures à vivre, la journée où on avance l'heure : *«Come on! Come on!»*

Heille! Je me retourne avec ma face menaçante. Parce que, en entrant au Centre Bell, je m'étais pris deux bières, j'étais drette, j'étais solide. Hein, quand tu as 35 piasses de bière dans le corps! Il commence à m'engueuler, mais en anglais! Et moi, j'ai toujours rêvé de m'engueuler en anglais! Je trouve que ça se gueule bien, l'anglais. C'est beau, quand c'est gueulé!

Sauf que là, mon anglais devient un peu chambranlant, et il faut que je m'appuie sur du solide. Tout ce qui sort de ma bouche, c'est des répliques de chansons connues! Il s'approche, je lui dis :
— *Can't touch this!* Na na na na, na na, na na… Heille, *twist and shout*, le gros, *twist and shout? Don't step on my blue suede shoes*, tabarnane. *Hey Jude, let it be, let it be. I'm a frog, you're a frog, kiss me.*
Il me dit :
— *Choose a t-shirt!*
Je lui dis :
— *I can't get no satisfaction*, tagadagada! *And I try, and I try, but there's no small because the Ewoks came and said «Give me the shmaaall!» And the baquet said «And the midiuuum!»*

C'est rendu qu'on se pousse, je deviens agressif : «Heille!» Il veut se battre. Là, je lance une ligne d'une toune de Rage Against the Machine, un classique que vous connaissez peut-être. Je lui dis : «*Fuck you! I won't do what you tell me!* Aaaah!» Et il part à rire! Et je me rends compte que j'ai encore la bavette dans le cou!

J'adore ça, aller voir des shows au Centre Bell, mais je m'aperçois que je n'ai aucun plaisir à faire la vague. Je trouve ça innocent! Je ne suis pas capable d'embarquer, donc je fais l'espèce de vague du gars un peu trop cool qui n'embarque pas, le gars qui fait un quart de vague, ridicule.

On fait toujours le même bruit de vague. Moi, je ne suis pas capable.
Ça arrive, et le monde fait :
«oooooouuuuuuOOOOOUUUUUUoooooooouuuuuu!»
C'est quoi ça? Il y a du monde qui l'anticipe : «Elle arrive! Elle arrive! oooooouuuuuuuOOOOOOUUUUUoooooooouuuuuuuuu!»

Il y a juste dans la vague qu'on fait ce bruit-là. Personne ne va faire le plein en faisant : «oooooooouuuuuuuOOOOOUUUUUUUUoooooooouuuuuuuu!»
Passer la souffleuse : «oooooouuuuuuOOOOOOUUUUUUoooooouuuuuu!»
Quoique moi, en fin de soirée, j'ai déjà pissé avec un petit :
«oooooouuuuuuOOOOOOUUUUUUUUoooooouuuuuu!» sans les mains et en faisant la vague!

Je n'embarque pas dans la vague. En plus, il y a toujours des gars qui essaient de la faire revivre quand elle commence à se désintégrer et que c'est rendu une petite houle poche dans les trois, quatre derniers tours. Il y a toujours Bernard, l'ami de la famille, qui fait : «Allez, encore! Ouaaaiiis!»

Si tu es le dernier gars qui fait la vague, il faut qu'on te présente des filles! Ça te prend quelqu'un dans ta vie pour te dire : «OK, c'est assez, c'est assez. Regarde, c'est assez, c'est assez. C'EST ASSEZ.»

Je n'aime pas quand l'artiste nous demande de taper des mains. Tu vas voir un show et l'artiste dit : «Tout le monde, on tape des mains!» Je n'embarque jamais, moi. Je me dis : «Ils fourniront pour moi.» Je me fie aux autres, ils fourniront pour la section. Parce que, quand j'embarque, je ne sais jamais quand arrêter. Je ne veux pas être le dernier gars qui tape. Je regarde autour, à un moment donné, le mouvement s'estompe, et moi, je commence à prévoir ma sortie : «OK, *man*, dans trois *claps*, je quitte la secte… un, deux, trois, je me retire!» Je tape sur ma cuisse par politesse, un petit peu… Si tu es le dernier gars qui tape des mains, il faut qu'on te présente des filles! Ça prend quelqu'un pour te dire : «OK, c'est assez, c'est assez. Regarde, c'est assez, c'est assez.»

Je suis allé voir le spectacle d'Arcade Fire à l'aréna Maurice-Richard. C'était très bon. Oui, ils ont fait ça à l'aréna Maurice-Richard, un choix intéressant parce que, avant le spectacle, on se disait : «Hé! Mais pourquoi ils présentent leur spectacle là?» Et, après le spectacle, on se disait : «Hé! Mais pourquoi ils présentaient leur spectacle là?» Le son était sur le bord de nuire à la réputation de Maurice lui-même. Henri Richard était dans la place, il pétait des gueules!

Pendant le spectacle, il y avait un ballon de plage. Dans tous les shows que j'ai vus au Centre Bell, il y avait un ballon qui se promenait avant le début du spectacle. Tous les shows que j'ai vus : Metallica, Barbra Streis… euh, Cowboys Fringants! Il y a toujours un ballon de plage. Qui apporte le ballon de plage? Qui se prépare à aller voir Arcade Fire en se disant : «Bon, j'ai mon pot, mon crucifix… Ah! mon ballon de plage!»

Il faut que tu sois déterminé! Tu arrives là, et il faut que tu le gonfles! Tu te fais demander :
— Veux-tu une poffe?
— Non merci, je gonfle mon ballon de plage! Pffff!

À un moment donné, le ballon se promenait à 10 pieds de la scène, juste en avant de la scène. Ça peut te péter un show d'Arcade Fire pareil, ça! «*And a death, And a church, And a kill, And a Bible, And a neon, And a death, And a Jesus, And a Lord, And a burn,* Pouf! [chanteur d'Arcade Fire qui tape sur le ballon de plage], *And a corbillard…*»

J'anime le Gala de l'ADISQ, donc j'écoute beaucoup de musique à la radio. J'écoute souvent la radio. Et des fois, ils font des salutations, ça se met à saluer. L'animateur dit : «Heille, Julie salue Kim! David salue Benoît! Isabelle salue Rick du Provi-Soir!» Tu es dans ton char et tu… Il n'y a pas d'émotion liée à ce moment-là… Tu ne peux avoir aucune réaction, tu ne peux pas te dire : «Ah! Je suis content qu'ils se saluent, ces deux-là!» Et tu

ne peux pas te dire non plus : «Ostie que je suis tanné qu'ils se saluent!»
Tu fais juste : «Hèè…» On ne les connaît jamais, mais on écoute pareil.
Moi, chaque fois que je me surprends à écouter ça, je me dis toujours :
«Il y a trop de bons livres que je prends pas le temps de lire pour gaspiller
des secondes là-dessus.» Et je ne comprends pas, à l'inverse, qui appelle,
qui fournit les saluts. QUI APPELLE? Qui appelle là pour fournir les salutations? J'ai assisté à ça une fois dans ma vie : j'étais dans une espèce de
party, et à un moment donné, quelqu'un a dit :

```
— OK, maintenant je vais quitter la pièce, tout le
monde. Et je vais aller appeler à la radio pour saluer
des gens qui sont pas avec nous.
```
Moi, je lui réponds :
```
— Tant qu'à décrocher le téléphone, appelle-les direct!
Qu'est-ce que tu fais avec un courtier en salutations?
— Non, mais tu sais, je les appelle à la radio,
c'est plus cocasse.
— Oui, mais comment tu fais pour savoir qu'ils
vont t'entendre?
— Ouais, c'est parce que je les appelle avant pour
les avertir d'écouter!
— Aaaaaaah!
```

Moi, je ne suis pas très Internet. J'aime acheter des disques, aller au magasin
et acheter des disques, parce que je trippe sur le personnel des magasins
de disques. Je sais que c'est bizarre comme trip, mais j'aime le monde
qui travaille au HMV, au Archambault. Gars et filles, ils sont toujours cool :
tu arrives à la caisse pour payer tes affaires et ils te disent : «Salut, ouais…
Bonjour…»

Ils se donnent une attitude, mais pas trop. Ils restent polis, mais ils ont un
genre, ils s'affirment : «Salut, ouais…» Toujours une attitude, toujours un
petit style, toujours la petite tresse, le tatouage, le petit hamster qui court
dans le cou… un jeune rongeur sur le trapèze : «Ouais…»

On dirait que quand j'arrive – je ne sais pas si ça vous fait ça –, quand j'arrive
à la caisse avec mes disques, on dirait que j'ai envie qu'ils approuvent mes
sélections. Je les trouve cool à ce point-là, je veux qu'ils me trouvent le fun
dans mes choix, donc je dis comme : «Hé! Salut!» Quand ils font comme :
«Ouais…», je fais comme : «Hé, merci, *man*!» Je veux qu'ils m'aiment.
Je suis comme : «Ouais!»

Il y a quelques mois, je suis dans mon auto et j'entends une toune d'une
jeune rappeuse française. Elle s'appelle Diam's. C'est sûr, elle a vingt ans,
c'est du rap pour ados, ça s'appelle *Jeune demoiselle*. «Recherche un mec
mortel, qui pourra me donner des ailes… Si t'as les critères, *babe*, laisse-moi
ton e-mail.» Je ne sais pas, je dis ça de même…

Elle a vingt ans, elle est bacaisse, elle a les cheveux rasés, elle ne veut rien
savoir, elle crie après tout le monde… Bon, moi, j'écoute ça, je suis dans
mon char, mais bon, c'est pour les ados. Bon, OK, le rythme est bon, les
textes sont bons, puis je trouve que… Aaaaah! Je trippe dessus! Aaah!
Je trippe sur Diam's, bon! J'ai le droit, c'est ma fête! Je ne sais pas ce que
j'ai, je trippe sur cette toune-là…

Elle dit : «Si t'as les critères, *babe*, laisse-moi ton e-mail…» Une toune qui te donne le goût de tourner ton volant d'une seule main, en suivant le rythme. «Un mec mortel!» En tout cas… À un moment donné, je passe devant le Archambault, je me dis : «OK, ça me prend du rap français dans ma vie.» Entre là, agrippe le CD de la costaude, sauf que j'achète juste ça… J'aurais dû le camoufler avec d'autres disques… La vieille théorie de la pharmacie : si tu t'achètes des suppositoires, ajoute une brosse à dents et un Scott Towel. En passant, il n'y a aucun lien entre les trois articles, OK? Ne cherchez pas une piste de gag dégueulasse, il n'y en a pas. Ne faites pas de tests à la maison pour trouver une explication.

Dépose Diam's sur le comptoir : POW! Je me dis : «Ah non! J'avais oublié!» Belle fille au comptoir, toute cool, la petite tresse, le petit tatouage, le petit hamster qui court dans le cou. Elle me regarde, moi, puis le CD, puis moi, puis le CD… Moi, je fais l'innocent. Elle me dit :
— Ça… ça va être tout?
Je réponds :
— Ouais, ouais…
Et j'ajoute :
— Avez-vous des emballages-cadeaux?
Aaaaaah! Je me confesse, je le dis, j'ai vraiment fait ça. Et il y avait deux choix d'emballages : il y avait la petite boîte en carton ou l'emballage avec les papiers et le frou-frou. Moi, je dis :
— Non, non, non : prends le papier et le frou-frou…
elle va aimer ça…
Aaaaaah!

Puis je m'en vais chez moi, j'arrive chez moi et je déballe mon CD de Diam's! Vingt-neuf ans! Tout seul dans mon salon : «Si t'as les critères, *babe*, laisse-moi ton e-mail!» Et là, ça m'a sauté dans la face : il faut qu'on me présente des filles…

Si j'étais premier ministre

J'aime beaucoup mon métier. C'est vraiment hallucinant ! Mais est-ce que ça vous arrive, des fois, de jaser avec quelqu'un, et qu'au bout de vingt minutes, la personne dise : « En tout cas, moi, mon but dans la vie, c'est d'être premier ministre du Québec ! » Non ? Moi non plus, ça ne m'est jamais arrivé. Je n'ai jamais rencontré personne qui voulait faire ça dans la vie. Je n'ai jamais rencontré quelqu'un qui voulait être premier ministre, jamais.

La question que je me pose est : « Est-ce qu'il y a vraiment de la compétition pour la job ? » Qui veut faire ça ? Quelle vie bizarre, pleine de contradictions et de paradoxes. Juste la course à la chefferie… Course à la chefferie, quelle farandole ! Oui, oui, farandole. Et j'ajouterais même « mascarade ». Dans une course à la chefferie, tu as trois, quatre personnes qui travaillent dans le même parti depuis des années, et là, tout d'un coup, ils partent en campagne l'un contre l'autre pour être chef. Donc, pendant un mois, ça se crie des noms : « Paul n'est pas fiable, Paul n'a pas d'expérience, Paul n'a pas de leadership, Paul n'a pas de vision. »

Sauf qu'à un moment donné, Paul, il gagne. Et tu vois les deux autres qui soudainement se rallient derrière Paul : « Ah ! ben là, on est prêts en tabarnane, parce qu'avec Paul en avant… Paul, il a une vision, et Paul a de l'expérience, et Paul a du leadership, fait que tassez-vous, Paul est là ! »

C'est comme quand tu fais un *finger* à quelqu'un en auto et que tu arrives au feu rouge, puis il est à côté de toi : « Ah ! ben… je m'excuse. C'est pas ça que je voulais dire… »

C'est bourré de contradictions. J'haïs ça quand le premier ministre est premier ministre, mais qu'il n'est pas élu dans son comté. C'est arrivé au Québec dans les années 1970, et c'est presque arrivé cette année avec Jean Charest : premier ministre du Québec, pas élu dans son comté. Moi, je n'embarque pas avec un pilote d'avion qui prend une débarque en tricycle, comprenez-vous ? Pas élu chez lui, ça fait tellement : « Est-ce qu'il y a quelque chose qu'on devrait savoir ? Est-ce qu'il va à l'épicerie en pantoufles et on n'est pas au courant, qu'est-ce qui se passe ? »

Il y a un grand pourcentage des chefs d'État dans le monde qui sont des hommes divorcés. Bon. C'est correct, dans la vie, d'être divorcé, sauf que comme leader… Si tu n'es pas capable de rallier UNE personne ! Si la femme de ta vie, la mère de tes enfants a décidé de dire : « Ah ! *Fuck it !* Moi, je suis plus capable ! » comment veux-tu que nous autres on te trouve attachant ?

Je pense que j'aurais aimé ça faire ça dans la vie, de la politique. Je pense que j'aurais été bon. Et je ne veux faire peur à personne, mais – et c'est vrai ce que je vais dire – il y a plus de gens qui ont vu mon dernier spectacle que de gens qui ont voté aux dernières élections municipales partout au Québec. Ce qui fait que, dans les sondages, je suis en avance…

Moi, je mettrais de l'ordre. Je commencerais par les magasins : ceux qui nous demandent trop de renseignements personnels, les magasins qui nous demandent notre numéro de téléphone quand on achète une spatule… C'est une spatule! «C'est pour nos dossiers.» Ah! que je m'en sacre! C'est une spatule. «C'est pour la garantie.» Il n'y a pas de garantie de spatule! «C'est pour nos dossiers, notre liste, les envois, le courriel…» Tu n'auras pas mon téléphone pour une spatule! «Non, ça prend le téléphone…» Tu n'auras pas mon téléphone pour une spatule! Écoute, woh! Il y a des filles avec qui j'ai fait l'amour… et je ne leur ai pas laissé mon numéro de téléphone! Je ne pense pas qu'on se rappelle pour une spatule!

Le monde qui met de la mayonnaise dans la poutine. Non! Ça engorge les urgences! De la mayo dans une poutine : rendu là, tire-toi une balle! Tu arrives au même résultat, plus vite! De la mayo dans une poutine… C'est déjà une poutine, est-ce que c'est nécessaire? C'est comme construire une bombe atomique… puante. Ça devient arrogant : tu sais que tu vas détruire une nation, mais tu ajoutes un peu de poudre de merde… Ils seront exterminés, et puants. Ha! ha! ha!

Ceux qui ne payent pas d'impôt, et qui le disent fort. Tu te retrouves dans un *party*, il y a toujours un gars qui dit :
— Je paye pas une cenne d'impôt! Je paye pas une
cenne d'impôt! Non, j'ai une petite compagnie,
je passe ça sur un autre nom, je fourre l'impôt!
Il ne comprend pas que c'est toi qui payes à sa place… Il est bien fier :
— Je passe ça sur un autre nom… ma compagnie, tout ça.
Toi, tu dis :
— Bravo.
— Toi, est-ce que t'en payes?
— J'en paye, moi, j'en paye. Tu sais, le système
d'aqueduc? C'est moi, ça! Ça me fait plaisir.
Tu penseras à moi quand tu *flusheras*…

Les sentences… Comme premier ministre, moi, je ferais en sorte qu'au Québec, quand tu pognes huit ans de prison, tu fais… huit ans de prison! C'est rendu qu'on voit ça partout, les sentences : «Huit ans de prison!» «Ah! Huit ans, monsieur le juge, huit ans… ça *fucke* ma fin de semaine un peu. Je pensais peut-être plus à trois mois.» Un criminel qui a peut-être tué quelqu'un… Moi, au primaire, quand je pognais une retenue parce que j'avais lancé mon crayon, je faisais mon temps au complet! Ils ne me lâchaient pas *lousse* à quatre heures pour bonne conduite!

Moi, à être au pouvoir, j'augmenterais de beaucoup le salaire des profs. Du primaire et du secondaire, surtout. C'est la job la plus sous-payée, très difficile, d'après moi (je n'ai jamais fait ça). C'est sûr que c'est un choix que tu fais. Tu ne fais pas un bac en enseignement sans t'en rendre compte! Quoique moi, j'ai fait deux ans de cégep, je ne me rappelle même pas où c'était! Non, moi, je pense que les profs devraient faire à peu près le même salaire que les médecins; pour moi, c'est aussi important. Prof : à peu près le même salaire que les médecins. Quand tu travailles avec des malades, tu travailles avec des malades! Ah! C'est tous des malades… «Je suis allergique!» Les jeunes, ils sont allergiques à tout. «Je suis allergique! Je suis allergique à la ouate!»

J'ai travaillé dans un camp de vacances quand j'avais dix-huit ans. Les jeunes me disaient : «Je suis allergique aux Q-tips! Je suis allergique aux draps!» Dans mon temps, on était allergique au pollen et aux pinottes, ça finissait là! «Je suis allergique au lait!» Au lait! Un enfant allergique au lait! Le lait! Oui, le lait! Tu ne peux pas être allergique au lait! Un enfant allergique au lait, voyons! C'est comme une mouche allergique à la merde!

Je parlerais aux grosses compagnies, comme Hydro-Québec. Il faut que quelqu'un raisonne Hydro-Québec à un moment donné. Je suis allé au Centre Bell la semaine passée et il y avait une publicité d'Hydro-Québec sur la bande. Des fois, tu vois des pubs d'Hydro-Québec à la télé, et souvent, Hydro-Québec va commanditer des événements pour avoir plus de visibilité. Pourquoi? Qui dit : «Ouais, je viens de me faire construire une maison. Je sais pas qui je vais appeler pour le courant… Je magasine, je magasine. Il y a de la concurrence, faut magasiner!»

Les banques. Les grosses banques. Ça ne marche plus, les banques. Toute l'opération du guichet automatique, ça ne fonctionne plus. D'abord, est-ce que je suis le seul qui est extrêmement gêné de lécher l'enveloppe devant le monde? Je sais qu'il y a des banques maintenant qui leur mettent un collant, mais dans la plupart des banques, moi, il faut encore que je lèche! Tu es là, dans la porte, et tu dois… tu lèches l'enveloppe. Je ne veux pas que personne me voie la langue sortie au max, en train de lécher l'enveloppe! C'est un *move* intime que je me garde pour d'autres occasions… Pas dans un *lobby*! Je fais l'espèce de petit léchage poche : je pogne les deux coins, ptt! ptt! une petite *shot* dans le centre…

Et avouez que quand vous faites un dépôt, quand vous déposez, plus votre dépôt est gros, plus vous léchez! Pour être sûr que ça se rende bien! Et quand vous payez une facture, ptt! Pas important. Mais pourquoi il faut lécher l'enveloppe? Pensez-y deux secondes : tu arrives dans un hall d'entrée, il y a un bout de papier qui est là, à portée de la main de tout le monde, comme à aire ouverte, tout le monde peut mettre ses mains là-dedans, le papier est là depuis trois jours, quatre jours, une semaine, on ne le sait pas… Tu prends le bout de papier sale et, dedans, tu mets souvent de l'argent comptant qui est reconnu comme l'objet le plus sale au monde, tu te sacres la langue à un millimètre de l'argent comptant, sur le bout de papier sale avec de la colle chimique avec un rebord qui coupe! Banque Nationale : 250 millions de profit. Moi, il faut que je lèche du carton!

Moi, comme premier ministre, je prendrais soin du peuple. Il y a une grosse nouvelle qui est sortie en 2006. En première page de tous les journaux, ça disait : «Évitez les piscines publiques de la région de Montréal. Les piscines publiques sont des bains infects!» La nouvelle est sortie le 21 août! N'allez pas vous baigner cet été, c'est dégueulasse! Le 21 *fuckin'* août! Tout ce que ça a donné, c'est des milliers de personnes qui ont crié : «Aaaaahhhh!» Ils nous disent : «On a fait des tests.» Faites-les au mois de mai, ostie de batraciens! Dire aux gens : «N'allez pas vous baigner», le 21 août, c'est comme dire : «Joyeux Noël, et ne jouez pas trop dans vos citrouilles, ça donne l'herpès…»

Comme premier ministre, moi, je passerais une loi qui interdirait de se promener à vélo avec un walkman sur les oreilles. Au centre-ville surtout.

Moi, quand je vois ça, quand je vois quelqu'un au centre-ville qui se promène «en bicyk» avec un walkman sur les oreilles, ça m'enlève le goût
d'aller donner du sang… Je me dis : «Non. Qu'il s'arrange avec ses
troubles. Je voudrais pas que ça tombe sur lui.»

Je suis allé donner du sang une couple de fois, et quand tu fais ça, après ils
te disent : «Bravo! Merci! T'as sauvé deux, trois vies.» Ça veut dire que, en
ce moment, il y a du monde qui se promène avec du *L.-J. blood*! Ils doivent
être tellement *fuckés*! J'aimerais ça rencontrer les gens à qui j'ai donné de
mon sang. J'aimerais ça les rencontrer, juste pour en faire mes esclaves…
Imaginez : «Ouais, ça serait le fun que tu laves mon char, hein? Vu que tu
es vivant!»

Je pense sérieusement que donner du sang, ça devrait être obligatoire.
Chaque personne qui a la santé pour, évidemment, devrait être obligée
d'aller en donner, une fois par année, dans le temps des sucres, quand ça
coule… Parce qu'ils disent que ça sauve des vies. Non, mais, arrêtez de
niaiser et sacrez-nous une taxe sanguine et on va y aller! Parce que sinon,
il n'y aura jamais assez de monde, selon moi, qui va aller donner du sang.
Ce n'est pas l'affaire la plus le fun, non plus. Il n'y a personne qui dit : «Heille,
les gars, aujourd'hui, *fuck* les glissades d'eau! On va se faire entailler,
tabarnane!»

Donner du sang, ça ne te tente pas avant, mais après, tu es fier. C'est exactement l'inverse de manger une poutine avec de la mayo à trois heures
du matin!

Survivre la descente

J'aime beaucoup mon métier, mais ça me rend fou, cette job-là. Elle me rend fou parce que je suis toujours en train d'écrire, j'observe le monde et je trouve des idées. J'écris des affaires et ça *fucke* mon existence parce que je ne suis jamais concentré sur la conversation : je suis toujours en train de regarder le monde, je note tout, tout m'obsède. À cause des notes que je prends, il y a toujours quelqu'un ou quelque chose qui me tape sur les nerfs et qui pète ma journée. Juste le monde à qui tu demandes : «Il est quelle heure ?» et qui, au lieu de te répondre, te montre leur montre... Et ils font toujours une espèce de contorsion, ils ne sont même pas dans une position confortable, ils font : «Gngngngn...» Moi, j'ai envie de dire : «Non ! Je veux le forfait avec de la salive !»

Je n'aime pas ça lire l'heure sur une montre qui n'est pas la mienne, parce qu'on dirait que, quand ce n'est pas ma montre, je suis comme... incapable de lire l'heure. Je ne suis pas bon pour lire. Ce ne sont pas les mêmes aiguilles, il y a trop de chiffres, il y a une boussole, je ne comprends rien ! Des fois, je vous jure, je fais semblant de comprendre : «Merci.» Je n'ai rien compris ! Je n'ai rien compris ! J'ai *faké* ! J'ai *faké* de comprendre l'heure !

Le monde à qui tu demandes, en jouant un jeu : «Choisis un chiffre entre un et dix», et qui dit : «Un.» Heille ! Dis-le si tu ne veux pas jouer ! J'haïs ça le monde qui prend «un» entre un et dix, et qui pense avoir une stratégie !

Et quand ça se met à chanter «Bonne fête» au resto, non ! Non, non... Ah non, non, non, non. Est-ce qu'il y a quelque chose de plus pathétique que de chanter «Bonne fête» au resto, quand tu n'as pas une grosse famille ? Quand vous êtes quatre autour de la table, et le serveur arrive, lui non plus ça ne lui tente VRAIMENT pas... Vous chantonnez tous : «Bonne fête, Gaétan. Bonne fête...» Il n'y a personne qui attaque la toune. Tout le monde marmonne : «Bonne fête, Gaétan...» Il y en a toujours un qui fait juste la *bass* : «Hm, hm, hm, hm hmmmmm...» Il y en a deux qui font du *lip-sync* !

À l'inverse, il y a ceux qui en mettent trop : tu te retrouves dans le temps des Fêtes, tout le monde est dans le sous-sol, la Bottine Souriante joue, tout le monde tape du pied, tout le monde tape des mains, tout le monde chante un peu n'importe quoi : «Awing-ahan ! A-di-li-di-li-de-lam ! A-ta-ta-ta-ta-tou ! Da-li-di-le-dam-da-dli !» Il y en a toujours un qui fait : «Wou ! Hou ! Hou ! Houuuuu !» Qu'est-ce que ça veut dire, «Wou ! Hou ! Hou ! Houuuuu» ? Est-ce qu'il pense qu'il se démarque dans le rigodon ?

Et quand il faut acheter les cartes de fête : tu arrives à la pharmacie pour acheter des cartes de fête... D'abord, est-ce que c'est possible de renouveler les cartes une fois par décennie ? Il me semble que c'est tout le temps les mêmes cartes. Moi, j'ai un père de soixante-deux ans, une mère de soixante, une sœur de trente et un, une sœur de vingt-huit, j'ai trente : ça fait autour de cent quatre-vingt-quatorze fêtes. Christie, on roule sur trois cartes !

Heille, celle du gros singe qui se gratte la tête… «C'est ta fête!» Avec une *joke* de pet bas de gamme en dedans… Ça fait trois fois que je la passe à mon père! Il ne s'en rend même pas compte, il est crampé toutes les années : «Hé! hé! hé!»

Tu arrives à la pharmacie devant le *rack* à cartes… le *rack* à cartes, le *rack* à cartes. Le *rack of carts*! *Esta el rack à carta!* Tu es devant le *rack* à cartes, tu prends une carte, tu la consultes, et tu n'es pas satisfait. Quand tu viens pour la remettre, tu ne trouves jamais la pile de pareilles!

Dès qu'il faut acheter quelque chose, je suis tout mêlé. Comme les vêtements… Dans les boutiques de vêtements, tu arrives, tu essaies des vêtements et le vendeur dit… Mettons que tu essaies un morceau trop grand, le vendeur va dire : «Non, c'est grand, là, mais avec le lavage, l'usure, ça va rapetisser.» Mettons que tu essaies un morceau qui est trop serré, là, il va te dire : «Non, c'est serré, là, mais avec l'usure et le lavage, ça va s'étirer…» J'ai vu des Hells fourrer du monde avec plus de délicatesse…

Et qu'est-ce qui arrive avec les crochets dans les cabines d'essayage, dans les boutiques? Il n'y a plus de crochets! Tu arrives là, il y a deux crochets! Mais christie de musique à fond la caisse, par exemple. Plus de crochets! Tu as toujours un rideau qui ne ferme pas… Mettez-moi une porte, quelque chose. Toujours une espèce de fripou de rideau… On dirait que j'ai quatre ans quand je suis là-dedans et que, tout d'un coup, je ne veux pas que personne me voie en bobettes : «Non! On ne me verra pas en bobettes!» Je veux ma petite forteresse. Je mets le rideau au centre, j'ai un bout de cul, un bout de face… N'importe quoi!

Des fois, tu as cinq, six morceaux : il n'y a plus de crochets! Il y a deux crochets! Alors, tu te fais des tas. Est-ce que je suis le seul à se créer une société de tas? Là, tu les essaies, et tu as le tas de ce que tu n'as pas aimé. «Ça, j'ai pas aimé ça.» Et tu le lances avec moins de délicatesse… «Non, pas aimé ça. Pas important. Il me fait pas.»

Et tu as le tas de ce que tu as aimé, de ce que tu vas montrer à ta blonde. Ça, ça fait les *playoffs*. Ils ont droit à une deuxième chance. Tu les mets là. Tu as aussi ton pauvre tas de ton linge à toi que tu avais sur le dos. As-tu déjà vu la face de ton linge pendant que tu en essaies d'autre devant lui? Il te regarde, il fait : «Nooooooon! Qu'est-ce qu'il a que j'ai pas? Nooooooon!» Des fois, tu essaies des jeans qui ne font pas, et tes anciens disent : «Han, han, han, han, haaan!» Des fois, tu en essaies huit de suite, il n'y a rien qui fait et quand tu viens pour reprendre les anciens à la fin, ils font : «Non! C'est fini, c'est fiiiini! Pas le droit! N'y va pas, t-shirt, n'y va pas! T-shirt, reviens!»

Est-ce que je suis le seul à avoir un morceau de linge dans le fond de son panier de linge sale qu'il n'a pas lavé depuis 1986? Un linge à vaisselle, genre? Ça fait vingt-deux semaines, et toutes les semaines, il te regarde dans le fond : «Hé…» Tu vois qu'il n'y croit plus, il te regarde : «Héé…»

Et pourquoi, des fois, pour les gars, ils nous font des pantalons de pyjama avec des poches? Mon père avait ça, des pantalons de pyjama avec des poches. Moi aussi, quand j'étais petit, j'avais des petits pyjamas avec des poches. Qui va se coucher en faisant : «Bon, je vais aller me coucher, j'ai ma pagette, 50 piasses, mon cellulaire, mes clés… » Qui se dépochise avant de se coucher ? Une fois, quelqu'un m'a dit : « C'est peut-être pour mettre des condoms. » Des condoms ? Jusqu'à quel point ton lit peut-il être grand pour que tu fasses des provisions pour te rendre à ta blonde ? « J'en ai apporté, je serai pas obligé de retourner jusqu'à la table de chevet ! »

Dès qu'il est temps de consommer quelque chose… La bouffe, j'ai de la misère avec la bouffe. Je ne peux pas croire que la technique pour défaire des glaçons n'a pas évolué plus que ça. Moi, je suis encore pris avec le *rack* de cubes en plastique que tu *twistes*… Il en sort zéro ou POUF ! Quatre-vingt-quatre ! Il y a une explosion de joie dans la cuisine !

Des fois, tu as de la visite, il y a beaucoup de monde, tu veux en défaire beaucoup en même temps, POUF ! Ça pète, il y en a sur le comptoir, ça tombe à terre… Moi, je les ramasse à terre, je les mets dans les verres pareil : ça compte pas comme de la bouffe !

Et christie que j'haïs le chou-fleur ! J'haïs le chou-fleur ! Je vais vous le dire : « *Fuck* le chou-fleur ! » C'est quoi, dans le fond, un chou-fleur ? C'est quoi, un chou-fleur ? Un grand-papa brocoli, oui !

J'aime les sushis, mais je n'aime pas commander les sushis au restaurant. Tu arrives au restaurant de sushi, ils te donnent le menu, la feuille blanche et le petit crayon de miniputt. Je ne reconnais pas les noms : *futomaki saka-taka*. C'est quoi, ça ? *Pikataka tsikataka. What the fuck ? Itsataki*… Je pars, aucun plaisir. Aucun plaisir, je m'en vais, au revoir. Mettez une petite photo ! C'est en japonais, mettez un portrait ! Aidez-nous : c'est en japonais ! Parce qu'après ça, tu arrives à la Belle Province : c'est écrit « Hot-dog », et il y a un *poster* 4 x 8 de roteux sur le mur ! Ah ! merci. Je ne le savais pas !

Heille, puis les olives, ça va faire ! Tu as les olives avec noyaux, et les olives dénoyautées. Ils ont trouvé le truc pour dénoyauter. Dénoyautez-les toutes ! Qui aime ça faire : « Hmm ! C'est une belle soirée, Pierre. Ptt ! ptt ! ptt ! » Dans quelle sorte de monde on vit ?

En passant, mettons qu'on est dans un bureau. On est dans un bureau, un commerce, et le feu pogne : est-ce qu'il faut faire « 9-911 » ? Ça serait le fun qu'on le sache… Comment ça se fait qu'on ne sait pas ça ? Le feu est pris, il y a des flammes et :
— Ah, mon Dieu ! Je vais appeler le 911, là !
Ça a pas marché !
— Fallait faire le 9 !
— Ah ! Non !
PFFFWWOU ! Tu meurs à cause du 9 !

Heille, moi, le 9, là… Sur le four à micro-ondes, le bouton 9 ? Pourquoi ? Qui l'a déjà pressé ? 2:29 ? Je ne crois pas ! 9:00 ? Mets-le dans le four, christie de paresseux ! Le 9 sur le micro-ondes est inutile. C'est pour ça que, quand on appelle de quelque part, il faut toujours faire le 9 avant : c'est pour le consoler…

Ah ! que je pogne les nerfs en char ! En char, je suis tellement impatient. Est-ce que ça vous arrive, ça, des fois : tu es en char et tu veux klaxonner après le gars en arrière de toi ? Et tu ne sais pas comment procéder ? Parce que tu ne peux pas juste klaxonner et écœurer le gars en avant, qui n'a rien fait. Tu te dis : «Aaaaaaaahhhhh!» Tu as le goût de tirer sur ton criard, tu fais : «*Reverse* pout-pout! Je te *reverse* pout-pout!»

Et quand tu vas gazer, tu mets de l'essence dans ton char, «ooooouuuu OOOOOOUUUUUooooooouuuuu!» tu entres dans le Petro-Canada, et le commis te demande :
— Quelle pompe ?
— Euh…
On ne sait jamais c'est quelle pompe! Écrivez-le : «Il va te demander quelle pompe, apprends-le!» Là, tu te sens comme si tu n'avais pas fait tes devoirs comme client, tu es gêné : «Euh… quelle pompe ? Je sais pas.» Et tu donnes la description la plus sommaire de ton véhicule : «Celui avec les pneus… Carrosserie foncée…»

Je suis tellement à bout du trafic. Ça fait sept, huit ans que j'habite à Montréal. L'autre jour, je marche sur la rue Sainte-Catherine, je suis à pied, je marche, il y a un super gros embouteillage, je dis : «Aah! Christie de trafic à marde!» Et je suis à pied! Je ne suis même pas impliqué dans le bouchon, et j'envoie des *fingers*!

Même marcher : je suis à bout de marcher! Surtout quand je passe dans une grosse toile d'araignée! Parce que, quand tu passes dans une toile d'araignée, tu redeviens un enfant. Il n'y a pas de *move* établi pour se défaire d'un fil d'araignée… Personne ne fait : «Oh! toile d'araignée!» Non, tu passes là-dedans, tu as quatre ans et demi, tu paniques : «Aaaaahh! Pffff!» Là, tu penses que c'est fini, mais tu en as un sur le bord de la gueule : «Aaaaaahh! Pttt! Pfff! Encore! Ptttfffff!»

Des fois, tu es chez toi et tu montes les marches dans le noir, et tu penses qu'il y a une autre marche, mais il n'y en a pas. Tu trébuches et tu fais : «Ahhh!» En descendant, c'est encore pire, tu *breakes* sec : «Ah!» Est-ce que ça vous arrive des fois de monter les marches électriques dans le métro ou dans le centre d'achats quand elles sont arrêtées? On dirait qu'elles sont plus dures à monter que les marches acoustiques! C'est comme courir dans un rêve : elles sont pesantes!

Quand on passe devant un écran… On est un groupe et on regarde un film, on est dans une classe et il y a un film en avant, et quelqu'un va aux toilettes, la personne fait : «Oh! S'cusez…» Et elle se plie en deux pour ne pas cacher la vue du film. Puis elle revient des toilettes : «Hum! S'cusez…» Moi, je me dis tout le temps : «Christie de crapet! Tu te penches pour pas me déranger, mais tu te penches tellement mal que tu me déranges dix fois plus que si t'étais juste passé *straight,* pas d'histoire… Tu te penches pour pas que je m'échappe du film, mais tu te penches tellement mal que je regarde même plus le film, je fais juste penser : "Ostie qu'il se penche mal!"»

C'est comme quand tu vas essayer des souliers. Tu essaies des souliers au magasin de souliers, tu essaies une nouvelle paire de souliers, tu les as dans les pieds, et là, ta blonde dit : «OK, c'est beau : marche normalement.» On perd conscience de notre démarche naturelle! On n'y arrive pas. Tu es rendu dans une comédie musicale! «Non, non, je marche comme ça!»

Et je trippe sur la petite hésitation qu'on a quand on arrive à une porte automatique dans un centre d'achats. Pour entrer, tu as toujours comme… une hésitation et tu te prends la porte dans la face. Des fois, il y en a des costauds qui sont confiants, ils marchent avec grande confiance… et ils se pognent la porte dans la face : «*Fuck!*» Je suis sûr que les gars qui les installent font exprès pour que le délai soit comme ça. Ils sont là, dans leur pick-up : «Hé! hé! hé!»

Quand il y a des portes normales, des portes manuelles, comme dans les centres d'achats, souvent tu as deux *sets*, tu as deux étapes de portes. S'il y a quelqu'un qui te précède, la personne va te tenir la porte. Tu vas lui dire «merci». Et si elle te tient la deuxième porte, tu vas lui dire «merci», mais moins fort… C'est tellement beau, hein? C'est toujours : «Merci! Merci.» C'est la loi. «Merci! Merci.»

Moi, dans le building où je vis vraiment, il y a trois portes. C'est ridicule! Tu dis : «Merci! Merci. Merbffbbf…» Pour moi, le deuxième «merci» de porte, c'est le même «merci» que j'utilise quand je retourne un film au club vidéo.

Moi, toute la scène de retourner un film au club vidéo, je ne sais pas trop encore comment gérer ça. Tu entres avec ton film, tu es un peu à contresens de l'action, tu te sens un peu par en arrière. Tu dis : «Ouais? Merci?» Tu ne sais pas trop s'il faut que tu t'annonces… Il n'y a personne qui dit : «Je suis de retour! Visionnement terminé! Je suis satisfait, au revoir!» Tu es là, puis tu cherches un regard : «Ouais… Vous souvenez-vous de moi? Hier soir, les *Goonies*?» Des fois, je tiens la porte avec mon pied pour ne pas faire le grand tour du comptoir…

Les portes. J'haïs ça, sortir par la porte. Encore là, c'est peut-être moi qui observe trop, mais quand tu sors de chez quelqu'un, quand tu t'en vas de chez des amis, tu sors de chez la personne : «Ben, merci beaucoup, ça a été ben le fun!» La personne ferme la porte, et la barre super fort! Heille, si je vais chez vous, attends que je fasse 15 pieds avant de me traiter comme un brigand! «Merci beaucoup!» PAF! «Aaaahh…»

J'haïs ça quand j'arrive chez quelqu'un, que je cogne, et que la personne a un œil magique dans sa porte. Là, tu cognes, tu entends les pas de la personne qui arrive, et tu vois qu'elle prend un break, rendue à la porte… Tu ne sais pas trop quelle face faire. On n'aime pas ça être regardé dans l'œil magique parce qu'on n'est pas très joli, dans l'œil magique! On est toujours déformé.

J'haïs ça quand je pars de chez quelqu'un, que j'entre dans l'ascenseur, que je suis seul, que les portes commencent à fermer, puis qu'il y a quelqu'un qui entre à la dernière seconde. Je suis déçu, j'aurais aimé ça être tout seul! Tu aimes ça avoir l'ascenseur pour toi tout seul!

Une place où il ne faut plus être deux, c'est en dessous d'un parapluie. Moi, quand je vois deux personnes en dessous d'un parapluie, j'interviens. Je dis : «Cessez! Cessez!» Il n'y a pas de pose moins *winner* pour deux êtres humains que ça, deux personnes à moitié en dessous du parapluie. Ça donne juste deux personnes à moitié trempes! L'équivalent exact de se passer le parapluie aux cinq minutes!

Heille, puis est-ce que quelqu'un est capable d'avoir le contrôle en *crazy carpet*? Christie de carpette! Tu arrives en haut de la butte, elle est roulée depuis 1981, et tu essaies de la mettre à plat. Là, tu rentres tes mitaines dans les trous qui sont des rectangles! Oh! Que c'est rectangulaire, des moufles! Des fois, tu les rentres trop raide et tu as comme un bourrelet de mitaine qui sort de l'autre bord. Et tu te rends compte que si tu retires ta main, la moufle, elle reste là... La carpette a pris le contrôle de tes mitaines. Tu es immobile, tu dis : «Pousse-moi!» Tu n'es même pas autonome dans ta pousserie! Là, quelqu'un te pousse : «Aïe!» Tu descends, mais tu n'as aucun plaisir! Tu fais juste survivre la descente! Tu pognes une bosse, la *crazy carpet* se roule, tu descends avec un rouleau de plastique!

Tu n'as eu aucun plaisir, tu as juste le goût de prendre le téléphone et d'appeler ta mère pour lui dire : «Réétends-toi sur la table d'accouchement, je retourne en dedans!»

5 ARTIC
DE JOU

LES

RNAL

LA DOUBLE VIE D'UN FANTAI-SISTE

Paul Journet – Le 5 avril 2008

Le fantaisiste Louis-José Houde était en tournée au Saguenay–Lac-Saint-Jean en février dernier. *La Presse* l'a accompagné. Le *Rock Tour*, comme il nomme ironiquement sa tournée, c'est huit grands garçons qui s'amusent avec peu de choses. Voici le récit de la vie ordinaire de cette aventure qui s'arrêtera au Centre Bell vendredi et samedi (sous réserve de l'horaire du Canadien, qu'on connaîtra au plus tard lundi).

MONTRÉAL-DOLBEAU
JOUR 1 – 20 FÉVRIER

AUTO-SUFFISANT POUR LE BONHEUR

En débarquant de la Lincoln Navigator devant *La Presse*, ce matin, Louis-José Houde m'accueille avec une mise en garde : «Bienvenue au *Rock Tour*. Désolé à l'avance pour tout ce qui va arriver.»

Dans le *Rock Tour*, il mène deux vies. Celle d'un humoriste minutieux qui perfectionne un des spectacles les plus réussis au Québec depuis longtemps, toutes catégories artistiques confondues. Et celle d'un gars de 30 ans qui déconne avec ses amis.

C'est ce qui distingue cette tournée de la première. Il voyageait alors avec trois professionnels qu'il ne connaissait pas auparavant. À la longue, ça devenait un peu monotone.

Cette fois, il s'est entouré d'une grosse équipe. Peut-être plus grosse que nécessaire. Et il a engagé trois vieux copains du collège Charles-Lemoyne : Pierre-Luc Beaucage (directeur de tournée/chauffeur), Alexis Chartrand (photographe) et Alexandre «450» Dussault (machino, voir vidéo sur le site de Louis-José).

Stéphane Paquin (machino), Mathieu Guilbault (sonorisateur et seul rescapé de la première tournée), Dominic Marion (éclairagiste) et Philippe Bond (humoriste qui assure la première partie) complètent l'équipe.

Tous sont âgés entre 27 et 31 ans. Certains ont une blonde et des enfants. D'autres sont célibataires.

Les deux camionnettes de l'équipe technique sont parties plus tôt pour monter le décor. J'embarque dans la troisième voiture avec Pierre-Luc, Alexis, Philippe et Louis-José.

Il n'y a pas de musique. Les conversations suffisent. Parfois, elles sont sérieuses, comme celle sur *Voyage au bout de la nuit*, de Céline, que Louis-José vient de terminer. Et souvent ridicules, comme le message répondeur de son cellulaire : «Si vous appelez pour le furet albinos, désolé, il est déjà vendu.»

Premier arrêt : le Dunkin' Donuts de Shawinigan. Un quinquagénaire, embelli de gel et d'une chaîne argentée, me tape dans le dos : «Tu diras à Louis-José qu'y vienne me voir. J'ai une *joke* pour son prochain show.» L'homme lui ouvre finalement son sac à blagues. Il est question d'une blonde, d'un frigidaire et d'un concombre... Louis-José reste amical sans non plus essayer de plaire. Comme toujours, d'ailleurs.

Deuxième arrêt : dépanneur anonyme sur la 155, peu avant La Tuque. Chacun soulage sa vessie. On se sent coupable de ne rien acheter. Pour nous faire rire, Philippe se procure un *Québec Érotique*.

De retour dans la voiture, nous lisons les articles sérieusement. Puis on regarde le film *Casino*. Assis en avant, Louis-José se tortille pour voir l'écran, au milieu du véhicule.

Après six heures de route, nous voilà à la polyvalente de Dolbeau. Une salle de 500 places, une des plus petites de la tournée. Les éclairages sont à la hauteur du front. Pas d'espace pour la batterie. Les loges ressemblent à des cabines téléphoniques, avec en prime chips, chocolats, fruits et quelques boissons.

Juste à côté, Pierre-Luc teste le tout nouveau système de communication sans fil. C'est devenu nécessaire. La semaine dernière, à Joliette, un forcené a menacé Louis-José pendant son spectacle.

Visiblement dans un état second, le gaillard était parti aux toilettes au milieu du spectacle. À son retour, son amie lui a raconté que Louis-José riait de sa démarche.

Il s'est alors levé pour l'insulter. Même le menacer. Pendant ce temps, derrière la scène, l'équipe ne se rendait compte de rien.

«Je pensais vraiment qu'il fonce-rait vers moi», se souvient Louis-José.

Plus de peur que de mal, heureu-

sement. L'illuminé est parti juste avant l'entracte.

Après le show et la séance d'autographes, on se rend au bar de notre modeste motel. Ça finit par dégénérer.

Louis-José et Philippe sont à la toilette depuis seulement deux minutes et pourtant, les autres gars les attendent déjà impatiemment. Notre serveuse, Claudia, ne comprend pas trop. Moi non plus.

Tout s'explique, 30 secondes plus tard, quand les deux arrivent en galopant jusqu'au plancher de danse, nus sous un tablier de cuisine rouge.

Après ce dandinement éclair, ils vont se rhabiller. Philippe pourra déposer le tablier à côté de son trio string en fourrure/oreilles de lapin/nœud papillon, revêtu lors de son dernier défilé.

« Ça fait changement du buffet funéraire de cet après-midi », échappe Claudia, en contemplant la salle presque vide.

Il est passé 1 h 30. Les deux filles qui nous ont suivis après le spectacle viennent de partir. Il ne reste que neuf gars, une rangée de bières sur le comptoir et les airs de la Compagnie Créole qui résonnent jusqu'aux machines distributrices des couloirs du motel.

Louis-José sourit en regardant Alexandre danser, tel un croisement entre Olivia Newton-John et Josée Chouinard.

« Pour le bonheur, on est autosuffisants », résume-t-il.

DOLBEAU-ALMA
JOUR 2 – 21 FÉVRIER

CRINQUÉ POUR LE CRA-PAUD

On déjeune au motel vers 10 h 15. Pierre-Luc lit nos horoscopes à voix haute pendant que les œufs tournés et petites saucisses sont servis. L'assiette de Louis-José est déposée sur le journal local. Son visage trône en page une, avec un énième jeu de mots sur son débit rapide.

En voiture, Pierre-Luc, Philippe et Louis-José parlent de leur prochain voyage au Mexique, début mars.

« C'est une de mes seules séries de plus de trois jours de congé. Faut en

profiter », explique-t-il.

On arrive à Alma. Première activité culturelle : le Canadian Tire. Question d'acheter des bâtons de hockey pour notre match de dimanche après-midi dans un aréna de Jonquière.

Louis-José suggère de manger chez Roberto, un *diner* local. Je réalise que le Louis-José Houde sur scène n'est pas très différent de celui qui attend son hamburger steak devant moi.

« Me semble que ça serait le fun de partir en tournée avec nos pères, lance-t-il spontanément. Après deux minutes, ils deviendraient amis, ils se trouveraient tous des points en commun. »

Retour à l'hôtel pour digérer et dormir un peu.

19 h 30, centre Mario-Tremblay. Pendant que Louis-José donne une autre interview, le reste de l'équipe s'attaque aux petits sandwiches et aux Coors en regardant le Canadien affronter Pittsburgh.

Encore une fois ce soir, le show sera un triomphe. Au rappel, Louis-José propose à la foule de poser ses questions.

« Où tu sors après ? » demande un jeune homme casquette. Louis-José décrit le bar Le Crapaud.

Après la séance de signature, il se change et avale un café. « Faut que je me crinque. Ce soir, je ne peux pas rester dans mon coin, les gens vont vouloir me parler, pis c'est correct. »

En quittant la salle, on croise les camionnettes de l'équipe technique. Louis-José s'étonne de l'ampleur de sa tournée.

« C'est quoi, tout ça ? Me semble qu'à la fin, je vais devoir 25 000 $! »

On arrive au bar. Avant même que Louis-José n'enlève son manteau, le DJ lui souhaite la bienvenue au micro.

« Hey ! la gang, on me compare des fois à Louis-José Houde. Mais à soir, le vrai est dans la place. Salut, Louis-José ! » annonce-t-il.

Chacun empoigne sa grosse bière, suivie d'une tournée de *shooters* de vodka décapante.

Louis-José est en forme. D'une table à l'autre, il rencontre ses fans.

Pendant ce temps, certains montent danser dans la fumée au deuxième étage. D'autres lèvent le coude à côté du bar. La clique se disperse jusqu'à demain matin.

ALMA-CHICOUTIMI
JOUR 3 – 22 FÉVRIER

INCA-PABLE DE LIRE

La route reprend vers 11 h 30. Louis-José ouvre *La nuit de l'oracle,* de Paul Auster. Vingt minutes plus tard, il n'a pas encore tourné une page.

Impossible avec l'animation sur la banquette arrière. Philippe s'est transformé en un Richard Pryor de la couronne nord. Il n'arrête pas. Tout le monde rit aux larmes. En convulsions, Pierre-Luc peine à garder le volant.

Nous atteignons finalement le boulevard Talbot de Chicoutimi. Autre hôtel, autre vue sur un stationnement glacé.

On s'assied au restaurant assez chic de l'hôtel. Le proprio nous souhaite fièrement la bienvenue, et offre un traitement VIP au bar du sous-sol. Il semble fier de son coup.

19 h 59, scène de l'auditorium Dufour. C'est l'heure de la routine d'avant-show. Derrière le rideau, tous placent leur main au milieu du cercle pour le cri de ralliement : « Était drette sur la *tailgate*. » Louis-José échange ensuite une poignée de main différente avec chacun.

Louis-José sautille en écoutant le début du spectacle de Philippe. Une minute plus tard, il retourne dans sa loge.

À sa gauche, une caisse avec cinq ou six chandails presque identiques, un pour chaque soir. Il se brosse les dents, emprunte du gel et fait ses exercices de diction. Il paraît relax.

« Je ne suis pas Rocky Balboa, justifie-t-il. Ce n'est pas le moment de vérité. Dans mes premiers shows, je me concentrais trop avant de monter sur scène. Ça me nuisait. Maintenant, j'y pense un peu toute la journée, c'est plus naturel. »

Des rires éclateront sans interruption pendant la première partie.

Il revient de l'entracte l'air amusé. Devant sa loge, ses amis encouragent Pierre-Luc à s'inscrire sur Internet aux Chevaliers de Colomb.

Les discussions sérieuses attendront la fin du show. Où sortir ? L'équipe technique, fatiguée et composée de trois pères de famille, préfère la tranquillité du bar de l'hôtel. Louis-José et les autres insistent pour une boîte.

« On sort ce soir. Demain, on restera à l'hôtel pour être en forme dimanche au hockey », propose-t-il.

L'argument convainc. Trente minutes plus tard, nous entrons au Bao. À l'intérieur, il y a deux longues files : une pour le bar, l'autre pour parler à Louis-José.

Étouffés, on se retrouve au fond de la salle, dans le couloir qui mène aux toilettes.

2 h 30. Nous échouons au bar de l'hôtel, avec ses six appareils de loterie vidéo et autant de néons fluorescents.

L'heure du *last call* approche. Deux filles d'allure professionnelle s'assoient au bar. Il est temps d'aller se coucher.

CHICOUTIMI
JOUR 4 – 23 FÉVRIER

BIEN-VENUE AUX DAMES

Ce matin, l'équipe est dispersée. Pour la première fois, on ne déjeune pas ensemble. Louis-José me croise au comptoir du resto de l'hôtel à midi.

« Il y a toujours une journée morte dans la tournée. C'est aujourd'hui, on dirait », explique-t-il.

On parle de son entraînement cardio, devenu plus intensif pour se préparer au Centre Bell, les 11 et 12 avril.

« Mon show est réglé au *respir* près. Si je m'essouffle sur la grande scène, ça gâcherait le rythme. »

Son énergie impressionne déjà. Les autres dorment. Lui monte dans sa chambre écrire pendant deux heures les textes de son futur spectacle.

Ce soir, c'est la 89ᵉ représentation de *Suivre la parade*. Possiblement la meilleure, selon Louis-José.

Comme d'habitude, chaque mot est placé minutieusement. Le joual carré (« se *jacke* les jarrets ») côtoie le français plus littéraire (« gît ») et les néologismes (« je touristise ») pour obtenir le bon effet.

La seule improvisation, c'est quand il réagit à des interventions du public. Sinon, le spectacle est presque identique.

Après quatre soirs consécutifs, ça reste aussi drôle. Et on s'étonne encore de la finesse avec laquelle est abordé l'avortement. Il décrit la perspective de l'homme, de la femme et du fœtus. Puis il renverse le problème moral pour parler d'euthanasie. Sans prêcher, et en déclenchant des cascades de rires. L'écoute est absolue.

PETIT PAPA NOËL AU HOCKEY

Ce matin, l'équipe du *Rock Tour* est fébrile. C'est enfin le jour de la partie de hockey.

Louis-José a rarement semblé aussi heureux qu'en ouvrant son sac de hockey dans le vestiaire. Il étrenne son nouvel équipement de gardien. Y compris son «*jockstrap* de *Terminator*».

L'après-match se déroule à la Cage aux Sports. La conversation n'arrête pas. «Le moins drôle dans cette tournée-là, c'est le show», lance Louis-José en finissant son spaghetti.

Plusieurs membres de l'équipe tomberont au combat ce soir. Après le spectacle, seuls Louis-José, Alexis et moi sortons prendre un verre.

Le taxi nous dépose dans un petit bar de Chicoutimi. Il y a autant de gens que de téléviseurs.

Le *party* lève quand une émission de bowling apparaît sur tous ces écrans.

«Enwouèye, Junior!» hurlent nos jeunes voisins ivres, en riant du quilleur obèse. On se rapproche pour jouer aux coanalystes.

Le barman allume plus tard le karaoké. Derrière le comptoir, il chante

Pendant le rappel, Philippe se promène derrière Louis-José avec une grosse pancarte. Au recto : «Ce soir, on sort à l'Éclipse.» Au verso : «Bienvenue aux dames.»

— À quelle heure vous y allez ? demande une fan.

— Ça dépend, t'as quel âge ? blague Louis-José.

En retournant dans sa loge, il griffonne comme d'habitude des notes dans son grand cahier noir.

«Ce soir, j'ai dit "plaisantin" au lieu de "humoriste". J'ai aussi ajouté "es-tu sérieuse ?" dans le numéro de la roulotte. Ça a l'air niaiseux, mais la foule a ri deux fois plus.»

Chaque détail est noté. Même le T escamoté dans la liaison de «sait-elle».

Tout cela, il pourra le réentendre sur le CD audio enregistré chaque soir. Mais pas tout de suite. Une centaine de fans l'attendent.

La séance de photos commence à 22 h 55. Elle dure jusqu'à 23 h 27. Et les autographes n'ont pas encore commencé. Ils finiront à minuit et demi.

Encore une fois, ça se termine au bar de l'hôtel. Ce soir, des animations vidéo annoncent les spéciaux de *shooters* aux allures de Pepto-Bismol. Tout se digérera très bien.

Au secondaire, il a joué brièvement dans un programme Sport-études. Sa dernière partie organisée remonte à 12 ans. Ça ne paraîtra pas.

La glace est réservée pour nous. Pierre-Luc en profite. Il nous accueille au micro avec sa version de *Petit papa Noël*, avec le vibrato de Michel Louvain et le phrasé de Pierre Lalonde. Sa voix résonne jusque dans les gradins vides.

Deux heures plus tard, on cède la glace à une plus sérieuse partie de joueurs novices.

Billy de Julie Masse et *Que je t'aime* de Sylvain Cossette. Tout en restant assis, à cause de son tour de rein. L'ambiance est surréaliste.

Le lendemain matin, on ramène ces souvenirs à Montréal.

«Je veux terminer cette tournée au plus tard en décembre 2009, prévoit Louis-José. Ça me permettrait de commencer l'autre show en 2010.»

Ce lundi soir, il doit s'entraîner. Avant de repartir sur la route demain. L'après-show était déjà planifié.

LA VIE CHANGE, LA « PARADE » AUSSI

Paul Journet – Le 18 octobre 2008

Entre le cinéma et l'animation prochaine du Gala de l'ADISQ, Louis-José Houde poursuit sa tournée. Après avoir accompagné son *Rock Tour* au Saguenay en février dernier, nous avons retrouvé la bande vendredi au Centre Bell. Portrait d'une tournée qui change, mais où le plaisir reste.

« Entre, il faut que tu rendes ça public », lance Louis-José Houde d'un ton faussement dramatique à notre arrivée dans sa loge – le salon des conjointes du Centre Bell.

Il est 16 h. Affalé dans un sofa à côté d'un bol de friandises, il parle à Pierre-Luc, directeur de tournée, de son nouveau réveille-matin. Un modèle Tonka, version géante.

« Tout l'été, ils ont scié du béton dans mon édifice du Vieux-Montréal. Ça, on m'avait prévenu quand j'ai acheté. Sauf que, trois jours après la fin des travaux, la Ville, elle, a commencé à *driller* ma rue. La machine est à quelques pieds de ma fenêtre. Ils arrachent l'asphalte devant mon lit, pis ils le jettent plus loin devant mon salon. Je ne peux même plus parler au téléphone. Quand je dis dans mon show que tout ce que j'achète pète, c'est vrai… Fallait que ça m'arrive à moi. Là, pendant que je prépare l'ADISQ », raconte-t-il, un brin exaspéré.

Malgré tout, il paraît en grande forme. Cela surprend. Car en plus de ce manque de sommeil accumulé, sa journée n'a pas commencé en douceur. Quelques heures plus tôt, il se trouvait au bord d'une route de Joliette, attaché à un autre gars. Un instructeur de parachute.

C'était un cadeau de sa copine, qui sautait à ses côtés. Le baptême de l'air soulignait aussi sa dernière représentation planifiée au Centre Bell, et la dernière de ses 30 ans, un thème qu'il répète souvent dans *Suivre la parade* (il a 31 ans aujourd'hui).

PAS VRAIMENT LA ROU-TINE…

« Bien oui, c'est vrai. Ce soir, c'est la dernière représentation où j'ai vraiment 30 ans », s'étonne-t-il dans sa loge, quelques minutes après avoir joué avec la fillette de son vieil ami Israël.

Le constat ressemble à celui qu'il répète au début de chaque spectacle : « La vie change, la vie change trop vite… » Mais on l'oublie parfois, à cause de la tournée, ce joyeux microcosme ambulant où le temps avance au ralenti.

En ce vendredi, l'équipe technique – ses amis, dont quelques-uns du secondaire – monte le décor pour la 209e fois. Mais ce n'est pas exactement la routine.

Le Centre Bell ne se compare à aucune autre salle. On le constate avec lui vers 17 h aux tests sonores de sa batterie.

Pendant que les murs de haut-parleurs crachent *Won't Get Fooled Again*, sa grosse caisse explose jusqu'aux gradins vides qui grimpent à la verticale des deux côtés de la salle.

Dans 3 heures, près de 6000 personnes s'y entasseront. « L'énergie ici est incroyable, mais je ne suis pas trop nerveux », assure-t-il 30 minutes plus tard devant le modeste buffet où poulet, truite, riz, pommes de terre et macédoine décongelée attendent. Les affiches signées de Def Leppard et Jennifer Lopez rappellent qu'il y a aussi des stars capricieuses qui mangent ici.

Comme d'habitude, Louis-José se retire dans sa loge vers 19 h 30 pour se brosser les dents et se préparer. L'équipe se réunit ensuite à 20 h 05 sur la scène, derrière le rideau. Il oublie les poignées de main rituelles.

«Peut-être que je suis un peu nerveux», dit-il. Apparaît alors Pierre-Luc à quatre pattes, avec un casque d'ourson très, très petit. Éclats de rire. La soirée peut commencer.

C'est la septième fois que nous voyons le spectacle. Rien à ajouter sur la qualité. Comme cela a été souvent dit, *Suivre la parade* est remarquable. Et plus interactif ce soir, grâce à quelques échanges improvisés avec la foule.

La plus improbable improvisation viendra toutefois après l'entracte. Comme d'habitude, Louis-José joue de la batterie et sa conjointe l'accompagne au djembé. Mais on assiste ensuite à un viril pastiche de *Flashdance*. Philippe Bond (humoriste qui assure la première partie, excellente), Alexandre Dussault et Stéphane Paquin (machinos) dansent avec l'énergie du désespoir. La chose culmine avec Pierre-Luc habillé en mime qui danse en tournant sur le dos, avec un peu d'aide de ses amis.

Cette représentation allait différer un peu de celles de l'hiver dernier, avait annoncé Louis-José Houde une heure avant de monter sur scène.

«Après 180-190 représentations, je sentais que je récitais le texte. J'ai effacé quelques lignes, changé un tout petit peu le rythme. Le show entre maintenant dans sa phase 2.0», a-t-il expliqué pendant que ses employés et le reste de son entourage profitaient de la vaste loge.

Il répond alors au cellulaire à sa sœur, qui appelle de chez elle, au New Jersey, puis règle un problème de billets de faveur avant de reprendre l'entretien.

«D'ici quelques semaines, je vais changer la musique de préspectacle et d'entracte, et aussi mes vêtements de scène. Ça paraît niaiseux, mais ça casse la routine.»

La routine a aussi été brisée par la fatigue. Cet été, il tournait quatre jours par semaine dans le film *De père en flic*, dont il partage la vedette avec Michel Côté. Les trois autres jours, il présentait son spectacle à la salle André-Mathieu, à Laval. Puis, une fois le tournage terminé, il a repris la route, tout en accélérant l'écriture pour l'ADISQ.

«Pendant la tournée, en septembre, j'ai eu une petite grippe de fatigue, raconte-t-il. Je n'avais même plus l'énergie pour jouer de la batterie après l'entracte ou signer des autographes après le show.»

Deux choses qui l'ont sûrement emmerdé. Ça, et aussi d'avoir raté une certaine «soirée du siècle» à Matane, fin septembre. «Je suis resté à l'hôtel pour regarder les anciens Galas de l'ADISQ – je me les tape tous, pour me préparer. Ce soir-là, quelques gars sont allés à un petit bar presque vide. Il y avait un karaoké, du Elvis et des filles inconnues qui chantaient les *back vocals*. C'était inoubliable, apparemment.»

Au moins, l'effort semble récompensé. Le numéro d'ouverture de l'ADISQ s'annonce à la hauteur du précédent, à en juger par les gags testés en rappel au Centre Bell.

La vie change, et son humour aussi... un petit peu.

«Je veux me risquer avec des sujets plus durs, annonce-t-il, des sujets qui font rire, mais aussi réfléchir. Il pourrait y avoir un numéro sur le suicide assisté dans mon prochain spectacle. Ça s'inspire d'une grand-mère à moi qui en arrachait. Elle attendait la mort, elle pensait que le bon Dieu l'avait oubliée. J'aimerais réussir à faire de l'humour avec ça.»

Le show caché Il y a exactement un an [le 19 octobre 2007] aujourd'hui, Louis-José Houde a offert un concert inédit à ses fans au Métropolis, composé des textes laissés de côté pour *Suivre la parade*. Le DVD de la soirée, *Le show caché*, vient d'être lancé. On vous conseille de l'écouter jusqu'à la fin. Une chanson-surprise présente l'équipe de la tournée.

VIRÉE AVEC LE *ROCK TOUR* EN ABITIBI*

Paul Journet – Le 9 mai 2009

MONTRÉAL–VAL-D'OR
JOUR 1 — MARDI 5 MAI

VIEILLIR BIZARRE-MENT

La vie a des façons bizarres de nous montrer qu'on vieillit. Alexis en a reçu une autre preuve pendant le cours de multimédia qu'il donne au collège Charles-Lemoyne de Longueuil. « Vous êtes le seul monsieur avec une moustache que je *truste* », lui a confié un étudiant de première secondaire.

Assis à l'avant de l'Econoline blanche, Louis-José le jalouse presque en écoutant l'anecdote. À chacun sa route...

Il est 10 h 20. Alexis (photographe/vidéaste), Pierre-Luc (directeur de tournée/chauffeur) et moi-même venons de rejoindre Louis-José dans le Vieux-Montréal.

Sur le tableau de bord, le GPS indique le point d'arrivée. Val-d'Or, paradis de la mouche noire, à 528 kilomètres au nord, et encore un peu plus si on inclut les détours à venir. C'est

là que commence ce soir la tournée de six spectacles en huit jours en Abitibi-Témiscamingue.

Le téléphone sonne. C'est Philippe Bond, humoriste qui assure la première partie. Faut aller le chercher avec son ami Gabriel.

— Vous arrivez dans combien de temps?

— Dans environ dix minutes, répond Pierre-Luc.

(Bond se lamente à voix basse.)

— Maudit qu'on a l'air niaiseux...

Puis il raccroche subitement. Mauvais signe. Nos craintes se concrétiseront quelques minutes plus tard. Une fois arrivés sur le boulevard Dagenais, on devine deux points à l'horizon. Un orange et l'autre vert. Ça ressemble à un requin orange. Une illusion d'optique, sans doute. On continue de rouler. C'est malheureusement un requin orange, accompagné par son crocodile gonflable.

Depuis une dizaine de minutes, Philippe patiente devant sa porte, le chapeau de requin sur la tête. L'ami Gabriel tend le pouce en agitant sa pancarte « Gabitibi ». Il est quant à lui coiffé d'un immense chapeau de cow-boy vert. Assez gros pour ralentir son entrée par la double porte de l'Econoline.

« *Back on the road!* » soupire Louis-José, un petit rictus en coin.

Près de Mont-Laurier, Philippe aperçoit par la fenêtre quelque chose d'encore plus intéressant. Un quatre-roues miniature est à vendre dans une cour. « Arrête! » commande-t-il à Pierre-Luc. Cent mètres plus loin, l'Econoline fait demi-tour un peu brusquement. On n'en est pas à une connerie près.

On approche du minibolide. Il est encore plus petit qu'on le croyait. Sûrement déconseillé aux douze ans et plus.

« Vous l'aimez? demande un certain Steve. Il coûte 750 $. » S'ensuit un exposé sur les *crankshafts*. Devant lui, nous sommes six à offrir une honnête imitation de gars qui comprend.

Les pouces dans les jeans et une certaine assurance dans les yeux, Philippe demande de conduire l'engin. Le chapeau de cow-boy lui sert de casque. Il ose un *wheelie* de quelques centimètres, assez pour sauter un caillou et rapprocher encore plus ses genoux de ses gencives.

Il débarque, réfléchit, hésite. C'est ici que la raison fait une apparition inespérée dans l'histoire. Non, on ne dépensera pas 750 $. Pas pour ça.

Retour sur la 117, donc, où la route continue de continuer. On arrive enfin à 18 h 35 à Val-d'Or. L'équipe technique – la *B Unit* – a déjà monté le décor. La joute de frisbee peut donc commencer.

Le suspense ne durera pas longtemps. C'est finalement le sonorisateur Stéphane, alias Ti-Lou, qui enlève le premier son pantalon. Il surgit en bobettes à travers les branches, tel un fauve au teint laiteux. Personne ne semble surpris.

Back on the road, en effet.

MA MÈRE SERAIT DÉÇUE

«Certains passent leur vie à tuer le temps, en attendant que le temps les tue», disait un sage. Pour Louis-José, c'est plutôt le contraire. Chaque jour ressemble à un contre-la-montre. Trop de projets se congestionnent dans son agenda. Textes du prochain film d'Yves P. Pelletier, gags sur chaque région pour un futur CD audio, nouveau livre, animation du Gala de l'ADISQ, etc. Il s'enferme donc sagement dans sa chambre du Comfort Inn pour travailler.

Pendant ce temps, le reste de l'équipe visite le Canadian Tire du coin. Philippe investit dans un séchoir Vidal Sassoon. Il veut l'utiliser comme fusil-radar, un plan qu'on comprendra plus tard. En attendant, il a des remords. «Ma mère serait tellement déçue de me voir dépenser 12 $ sans aucune raison», songe-t-il.

La récréation continue. À 12 h 03, on débarque à la Crèmerie. Trois minutes après l'ouverture, les employés sont déjà assiégés par nos demandes de molles marbrées et autres fantaisies glacées. On les grignote en admirant la vue de l'intersection 3e Avenue/Thibault. «Les gens doivent vraiment se demander ce qu'on fait ici, huit gars de 30 ans, à bouffer de la crème glacée un mercredi pendant que le monde normal travaille», s'interroge Pierre-Luc. Bonne question. On ne connaîtra jamais la réponse.

Ce soir au Théâtre Télébec, on constate la complexité de la mécanique du spectacle. C'est la neuvième fois que je le vois, et la 308e représentation. Et c'est la première fois que je remarque une erreur. Louis-José a un petit trou de mémoire en première partie. Il mélange l'ordre des répliques du personnage de Tony.

Après une hésitation de deux secondes, il reprend au bon endroit. Probablement qu'aucun des quelque 730 spectateurs n'a remarqué. Mais lui, oui. «Esti, peste-t-il en coulisses, à l'entracte. Je pense que les pilules pour la grippe m'endorment un peu.»

Il se rachètera en deuxième partie avec plus d'impro que d'habitude. La foule réagit bien. «On dirait que vous riez d'autres choses, dit-il. Vous êtes bizarres. J'ai un bon *feeling*, ça va finir tout nus en prison.»

Ça finit plutôt avec l'habituelle séance d'autographes. La ligne s'allonge généreusement, mais ce n'est pas cela qui capte l'attention du gardien de sécurité. C'est plutôt l'équipe technique qu'il scrute du coin de l'œil. Un cercle de danse s'est improvisé à mi-chemin entre la fontaine et le babillard. À chaque trente secondes, un nouveau soliste se révèle. Non, il n'y a pas de musique. Le gardien de sécurité s'inquiète.

À son soulagement, nous quittons la salle à 23 h 30. Direction : le bar suggéré plus tôt par notre serveur du Mikes – un bar «comme à Montréal», jurait-il. Probablement le genre qui a des tables, des chaises et un peu d'ambiance.

On y pénètre. MétéoMédia joue sur les trois télévisions. Intéressant. Après la première tournée, on entend au bar le phrasé laborieux d'un colosse. Environ 6 pieds 2 pouces, 210 livres. Du genre à réchauffer ses poings sur une carcasse fraîche. Il dit qu'il a déjà eu trois familles d'accueil. Et il semble vouloir qu'on devienne la quatrième.

Le monsieur insiste pour qu'on joue à sa version de la bouteille – celui devant qui elle s'arrête doit payer la bière. Contre toute attente, l'histoire finira bien. On réussit finalement à quitter le bar sans se soumettre à l'exercice.

En tournée, ce sont souvent les soirées en apparence les plus banales qui deviennent mémorables. Cela se confirme encore une fois ce soir. Vers 2 h du matin, notre Econoline bondée s'arrête au service au volant du McDo.

«Madame, on est sept, ça va être compliqué», prévient Pierre-Luc d'un ton de sergent affolé. Il enchaîne en énumérant nos commandes un peu capricieuses.

Heureusement, la demoiselle à l'autre bout du micro s'avère à la hauteur. Elle aussi crie. Ça devient un jeu. Le ton grimpe, le plaisir aussi. «Rémi, crisse, j'ai dit pas de *pickle* dans le *cheese*, hurle-t-elle. Enwouèye! Vas-y!»

Pierre-Luc et la madame crient chacun les instructions à leur troupe. Étrange délire. Il se termine avec huit croquettes gratuites négociées en échange d'un autographe. «Quel moment *twilight*», murmure Louis-José alors qu'on se redirige vers l'hôtel.

Quelque part à Val-d'Or vit une employée du mois.

MINIPUTT EN TEMPS DE CRISE

Il fait un temps ambigu de printemps ce midi sur la terrasse du resto L'Avantage de Val-d'Or. On ne sait pas trop s'il faut avoir froid ou chaud. Devant nous, un patineur descend la rue sans chandail, le torse au bronzage orangé. Deux minutes plus tard, une vieille dame avance péniblement avec sa tuque et ses gants. On regarde son mari essayer de la soutenir.

En attendant la pizza, Louis-José réfléchit aux accidents qui finissent par nous définir. « C'est tellement bizarre, se met-il à raconter. Quand j'avais sept ans, mon père a reçu un peu par hasard un appel pour une nouvelle job. Il a finalement déménagé notre famille à Brossard. Sans cet appel, je serais resté dans le coin de Québec. Peut-être que je ne serais pas devenu humoriste. J'aurais pu finir en quelque chose de complètement différent,

comme prof d'éducation physique. Je le trouvais cool au secondaire, mon prof d'éducation physique. »

C'est à un autre genre de sport que le destin nous convoquera cet après-midi. À peine sortis de Val-d'Or, on croise un miniputt perdu dans un secteur industriel. Il vient tout juste d'ouvrir. Résister est inutile.

Personne ne réussira à se transformer en Gilles Bussières. Il n'y a pas non plus de Mme Bussières pour recevoir le baiser de la victoire. Ni même de spectateurs de l'autre côté de la clôture pour recevoir nos poignées de main. Que des rangées de camions et de pelles mécaniques qui rouillent de l'autre côté de la rue dans une cour géante. On dirait que l'espoir s'est perdu quelque part au milieu du chemin.

À quelques minutes du début du spectacle, au Théâtre des Eskers d'Amos, la discussion devient plus sérieuse. Derrière le rideau, Louis-José songe à l'impact de la crise sur les spectateurs. « Je n'ai jamais fait ça, mais je pense que je vais remercier le monde d'avoir payé leur billet, réfléchit-il. On est un luxe, pas une nécessité. Et puis on traverse une crise, une vraie. Ça fesse fort. C'est rendu que Télé-

Québec n'a même plus l'argent pour diffuser la Dictée des Amériques. Alors que nous, on charge quand même 47 $ pour le show. »

« Ben, j'ai vu l'affiche d'Alain Morisod et les Sweet People à côté de la tienne, répond Gabriel. Il vend ses billets 40 $. Je pense que ton prix est correct. »

Durant le spectacle, une spectatrice en première rangée semble plutôt indifférente. Elle ne rit pas et ne bouge pas. Dans le reste de la salle, il y a beaucoup d'applaudissements, mais moins de rires que d'habitude. « Je me sens comme dans une audition de l'École de l'humour », avoue-t-il en revenant à la loge, à l'entracte.

Ça semble l'amuser. Guéri, reposé et adéquatement caféiné, il relève le défi. Les gags sont enchaînés plus rapidement pour ne pas laisser le silence peser entre les rires. Il descend aussi dans la foule et improvise des gags. La foule ne voit pas la différence entre ces improvisations et les phrases calculées à la virgule près.

Le retour à l'hôtel est moins glorieux. Après les rires du spectacle, on n'entend qu'un silence vide au bar de l'hôtel. Seul avec la barmaid, je regarde le quatrième match de la demi-finale

Red Wings–Ducks. Dans une salle à côté, des machines de vidéopoker continuent d'engloutir les chèques de paye de quelques habitués.

Louis-José et Alexis viennent me chercher. Dans sa suite du deuxième étage, on finit les cubes de cheddar et la bouteille de vin qui traînaient dans la loge tout en regardant la vidéo-hommage d'Alexandra, une jeune fan beauceronne. La soirée se termine avec un DVD de l'humoriste américain Dave Attell. Blagues sur le tsunami, les «dinosaures racistes» et le parricide. Louis-José secoue la tête entre deux rires. «Ayoye, on ne pourrait tellement pas faire ça ici…»

AMOS–LA SARRE
JOUR 4 – VENDREDI 8 MAI

NOUVEAU SHÉRIF EN VILLE

La philosophie naît de l'étonnement, croyait Platon. Louis-José n'est certainement pas philosophe, mais il cultive quand même sans relâche l'étonnement. C'est un des moteurs de son humour.

Pendant que l'équipe congestionne ses artères de gras matinal, lui s'étonne des variations de chaque resto sur le thème du «deux œufs, bacon». «Hier, c'était la ridicule tranche de laitue de deux pouces carrés. Aujourd'hui, c'est les épices bizarres des patates», observe-t-il.

Même s'il a développé jusqu'à 4 h du matin le concept d'un futur *Show caché*, il paraît en dangereuse forme. Une enregistreuse en main, il teste un gag inspiré d'une conversation téléphonique outre-mer avec sa blonde.

«J'ai hâte de te voir… Quoi? J'ai dit : j'ai HÂ-TE DE TE VOIR!» La friture augmente sur la ligne, la tension aussi. Il se répète, jusqu'à ce que l'impatience finisse par assécher ses mots doux.

Trente minutes plus tard, rendez-vous dans le stationnement. On assiste alors à la naissance d'un nouveau shérif, Philippe Bond. Armé de son chapeau de styromousse vert, d'un séchoir-radar Vidal Sassoon et de quelques onces de crédibilité, il tente de contrôler la vitesse des voitures.

Sa récolte après vingt minutes : deux doigts d'honneur et une conversation éclair avec un vieux couple dubitatif.

«Désolé, savez-vous que vous êtes dans une zone de 37 km/h?» leur reproche-t-il. Quelques secondes plus tard, il tape sur le capot et leur rend leur liberté.

C'est alors qu'on croit voir arriver de *vrais* policiers. Mieux vaut partir. Prochaine destination : La Sarre, le «Paradis du Nord».

À notre arrivée dans la cour arrière de la salle Desjardins, Pierre-Luc stationne l'Econoline un peu brusquement devant deux ados qui flânent. La fille lève les pattes, le garçon lève les yeux. On dirait qu'une déclaration d'amour a été interrompue.

L'intimité est un concept très relatif à bord du *Rock Tour*. La petite gêne disparaît un peu plus après chaque journée passée ensemble. Les secrets aussi. Pendant que d'autres montent le décor, Pierre-Luc partage un souvenir embarrassant.

Il y a un peu plus de dix ans, il animait avec Louis-José un spectacle étudiant au collège Champlain de Saint-Lambert. «On fait tirer deux billets de Céline Dion», annonçait-il alors fièrement à la foule. Il réapparaissait plus tard, habillé en chasseur avec un fusil à la main. Et il tirait sur les billets. On l'a hué en conséquence.

Son sens de l'humour bizarre n'a pas complètement changé, remarque-t-on ce soir. Louis-José l'invite sur scène à l'entracte pour qu'il offre une vibrante interprétation de son personnage fétiche, le hibou gai. La preuve est faite. Le ridicule ne tue pas.

Autre soirée en Abitibi, autre spectacle rondement mené. «De toute la tournée, c'était une des trois meilleures réactions au numéro sur la Guadeloupe», analyse Louis-José sur le chemin du retour. Il est passé minuit quand on aperçoit la pancarte de Rouyn, où nous attendent notre chambre d'hôtel et quelques grosses bières dans un bar du coin.

Notre départ de l'endroit sera le moment le plus amusant. Il y a pas mal d'action devant la porte. Pendant qu'on retourne à la camionnette, deux inconnus sortent du bar chacun avec un tabouret. Ils ne les rapporteront pas, semble-t-il. À côté, un ivrogne utilise la poubelle comme béquille tout

en buvant ses deux bières. Il en dépose une. Philippe la pique à son insu.

Le regard du pauvre fait un va-et-vient entre l'horizon et l'endroit où était sa bière. Sans faire le lien entre cette disparition et les rires qui résonnent dans la camionnette trois mètres devant lui.

Philippe lui rapporte ensuite la bière incognito. Le pauvre semble encore plus perplexe. Un autre mystère qui ne sera jamais résolu.

ROUYN–VILLE-MARIE
JOUR 5 – SAMEDI 9 MAI

LA DERNIÈRE NEIGE

Ville-Marie est la plus vieille ville du Témiscamingue. C'est aussi une des plus petites visitées durant la tournée. Un peu plus de 2800 habitants peuplent ce village collé sur la frontière ontarienne. Le revenu moyen annuel n'est que de 28 000 $, et le McDo promis n'est pas encore arrivé. L'endroit inspire le calme et expire l'ennui.

À l'arrivée, j'entends dans ma tête *Elderly Woman Behind the Counter in a Small Town,* de Pearl Jam, groupe préféré de Louis-José. Cette chanson parle d'une femme qui vieillit sans histoire derrière le comptoir de son petit magasin. À la rencontre d'un visiteur, elle se met à penser que le temps passe plus vite sur le monde qui l'entoure que sur elle. C'est bête à dire, mais en sortant du casse-croûte du coin, je me mets à penser que la chanson aurait pu être écrite ici.

Vers 18 h 30, nous entrons au Théâtre du Rift. Dans la petite loge du sous-sol, Louis-José m'accorde une dernière interview avant mon départ. «Je ne m'écœure pas de la vie de tournée, assure-t-il. Ça reste encore le fun, heureusement. C'est surtout à cause de la gang. Je voyage avec mes chums, on se croirait presque en vacances.»

En effet. Après une virée au Saguenay en février 2008, une journée passée au Centre Bell l'automne suivant, puis cette semaine en Abitibi, je commence à comprendre ce qu'est le *Rock Tour*. Un étrange camp de vacances dont huit gars sont à la fois les organisateurs et les participants.

Pour Louis-José, c'est encore un peu plus compliqué. Le passé, le présent et l'avenir se mélangent dans sa tête. Chaque soir de spectacle, il se glisse dans la peau d'un homme qu'il n'est plus, un jeune dans la fin vingtaine que la vie vient de «*cross-checker* dans la face*», avec le divorce de ses parents et l'avortement de sa copine. Quand il retourne dans sa chambre d'hôtel, il prépare l'avenir en travaillant sur ses nombreux projets. Et le reste de la journée, il déconne avec ses amis en prenant la vie une heure à la fois.

Pendant qu'on discute, je remarque un épais cahier de notes à côté de son ordinateur. «Ça? C'est mon premier jet pour le prochain show, répond-il. Je remplis un cahier comme ça à chaque deux mois quand je commence l'écriture.»

Il réussit aussi à trouver le temps de se nourrir l'esprit. À côté de son cahier de notes, il y a une petite pile de livres : *Les fourmis,* de Boris Vian, *L'activiste enchanteur* (essai sur Richard Desjardins) et un recueil d'entretiens avec Coluche.

Son humour semble s'engager dans une nouvelle voie. Et il a envie de l'explorer davantage. «Je veux aller vers quelque chose de plus brut, de plus honnête, confirme-t-il. Les humoristes que j'aime (Louis CK, Dave Attell, Chris Rock, etc.) sont tous comme ça. Ils parlent de choses assez difficiles et essaient de les rendre comiques. C'est devenu mon défi à moi aussi. J'ai commencé avec le numéro sur l'avortement, et je veux continuer. Je teste déjà parfois en rappel un numéro sur l'euthanasie. Je parle de ma grand-mère, mais c'est seulement un prétexte pour entrer dans le sujet. [...] Je lis aussi *Deux siècles d'esclavage au Québec*. C'est hallucinant de penser qu'il y a déjà eu des esclaves ici. Je voudrais écrire là-dessus.»

Après le spectacle, vers 23 h 30, on charge les deux camionnettes pour retourner à Rouyn. Sur la route, Louis-José sourit en pensant à un monsieur qui était assis ce soir dans les premières rangées – «un vrai monsieur, un beau monsieur, avec des bas blancs, des lunettes un peu croches, pis un rire de cuisine». À notre arrivée à Rouyn, un filet de neige printanière humide commence à recouvrir les voitures stationnées. Pierre-Luc gare la camionnette devant le Cabaret de la dernière chance, où se terminera la soirée.

«La vie change, la vie change trop vite», constate Louis-José en ouverture de *Suivre la parade*. En marchant vers le terminus d'autobus à 6 h 10 du matin, je me dis que c'est vrai. Peut-être est-ce pour cela que le bonheur n'est pas quelque chose qu'on doit attendre, ni quelque chose à quoi on peut s'accrocher. Après une dizaine de jours passés au *Rock Tour*, on réalise que c'est quelque chose de plus simple. Un choix.

* ARTICLE INÉDIT RÉDIGÉ POUR CE LIVRE.

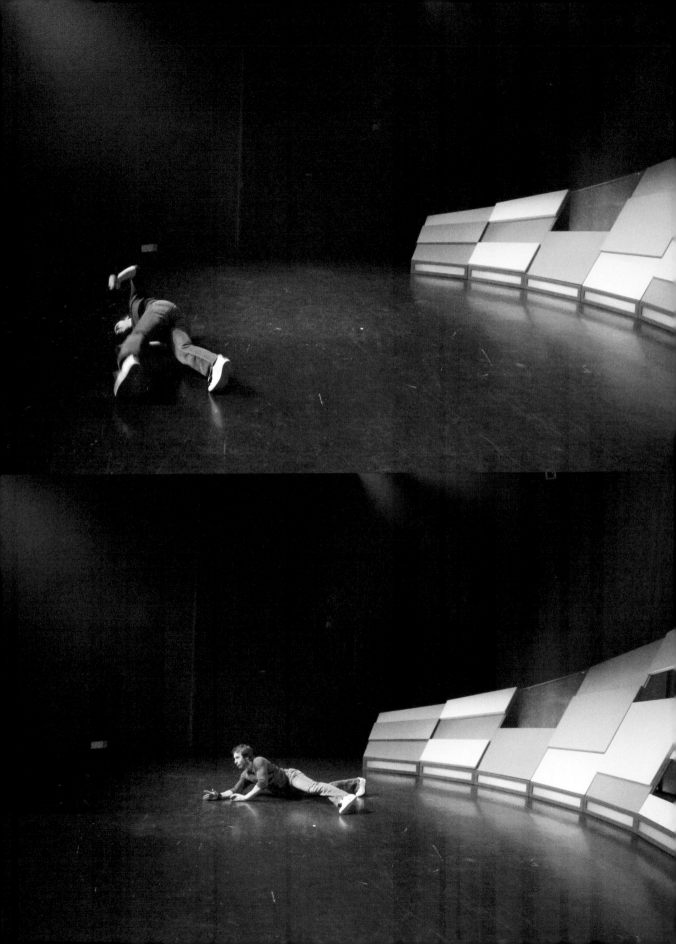